春季里的科学

沙金泰 / 编著

吉林出版集团有限责任公司

图书在版编目(CIP)数据

春季里的科学 / 沙金泰编著. —长春 : 吉林出版
集团有限责任公司, 2015.12 (2021.5重印)
(青少年科普丛书)
ISBN 978-7-5534-9401-2-01

Ⅰ.①春…　Ⅱ.①沙…　Ⅲ.①科学知识–青少年读物
Ⅳ.①Z228.2

中国版本图书馆CIP数据核字(2015)第285178号

春季里的科学

作　　者 / 沙金泰
责任编辑 / 王　芳　李　瑶
开　　本 / 710mm×1000 mm　1/16
印　　张 / 10
字　　数 / 55千字
版　　次 / 2015年12月第1版
印　　次 / 2021年5月第2次

出　　版 / 吉林出版集团股份有限公司 (长春市福祉大路5788号龙腾国际A座)
发　　行 / 吉林音像出版社有限责任公司
地　　址 / 长春市福祉大路5788号龙腾国际A座13楼　　邮编：130117
印　　刷 / 三河市华晨印务有限公司

ISBN 978-7-5534-9401-2-01　　　　定价 / 39.80元

C 目录
ONTENTS

春季 CHUN JI
里的气象知识
LI DE QI XIANG ZHI SHI

　　天气渐渐暖和，寒冷的冬天过去了，春天已悄然地走近了我们。

　　我们的身边正在发生着变化，这些变化是如此地司空见惯，但是你仔细地观察过春天吗？你对春天的了解是在无意中经历的，最好你能去亲近自然，去寻找春天的信息。

 观察与调查

春天气温的观测

准备：温度计、笔、记录本

过程：

（1）确定观测时间。自立春节气起，根据本地的纬度确定观测起始时间。如：吉林省地区从4月1日起便可以观测。

（2）每天早晨、中午、下午各观测一次。

（3）学校有小气象站，观测气象站的温度计即可。如果没有，可以自己用温度计观测，不过那样测得的温度和天气预报发布的气温可能不一样。

（4）经过计算，找出当地春天是从什么时候开始的。

小贴士

地面气温的测量

气象站用来测量近地面空气温度的主要仪器是装有水银或酒精的玻璃管温度表、铂电阻温度传感器等仪器。因为温度表本身吸收太阳热量的能力比空气大，在太阳光直接曝晒下指示的读数往往高于其周围空气的实际温度，所以测量近地面空气温度时，通常都把仪器放在离地约1.5米处四面通风的百叶箱里。气象部门所说的地面气温，就是指高于地面约1.5米处百叶箱中的温度。

什么是体感温度?

体感温度就是人的感觉温度。人体感知温度受许多因素的影响，太阳的照射、风向、风力的大小、空气的湿度、环境氛围等。

例如，在炎热的夏天，即使在同样气温的日子里，有风的那一天，你也不会感觉特别热，这是因为风迅速带走了你身体表面的热量；而无风的那一天，你才会感觉酷热，那是因为你身体表面的热量不易散发。

实验表明：气温在0℃时，如果有4级风，人的感觉就和无风时的-10℃时是一样的。

太阳的照射，也会使人的体感温度增加。如：在同等气温和风速下，晴天时的体感温度要比阴天高出6—8℃。

湿度对体感温度的影响主要是决定排汗的效率，如在26℃时，相对湿度90％，人的感觉与气温32℃，相对湿度20％是一样的。当温度低、湿度大时，水汽还能吸收人体的热量，从而使人感觉到凉爽。

春天到来后万物的变化

<<<

冰雪融化

　　生活在北方，就可以观察到河里、湖里，冰雪的融化了。

<<<

草变绿

　　在向阳的地方，裸露的土地上开始长出小草，枯黄的草地也会变绿。"草是什么颜色的？小草长得高还是矮？"摸摸小草感觉一下，一起数一数小草有几片叶子，小草的形状是什么样，是细细的扁扁的叶子吗？

>>>

树木发芽

　　抬头看看树枝，枝条开始变绿，有些地方冒出了小绿芽，再过几天，树叶就会长出来了。北方常见的杨树还会掉下许多"毛毛虫"，这就是杨树花，再过一段时间，空中还会漂浮杨絮、柳絮，它们带着种子飞来飞去。

春花烂漫

　　春天的色彩丰富，因为五彩缤纷的花开了，观察每种花之间的不同。

生命苏醒

　　冬眠的昆虫和一些动物苏醒了，鸟类也十分活跃，去年到南方过冬的鸟类也陆续飞回来了。

动手 DIY

画春天、写春天

春天真是一个美丽的季节。太阳暖暖的，大地更新，万物复苏，田野山峦一片翠绿。其实，我们周围的自然环境里还有许多变化，当你走出门，去领略大自然的风光时，你就会顿感心旷神怡。古往今来许多画家、诗人、摄影家都会灵感迸发，以诗画、照片表现春天，给人们留下美好的记忆。让我们学习古人，为春天画幅画、写首诗吧。

◎ **准备**

画夹、笔、记录本或照相机等

◎ **过程**

（1）选取适当地点。

（2）做画、写生。

（3）回家后创作一幅以"春天"为主题的画或一首诗，或诗配画。

（4）把你的作品拿给爸爸、妈妈、老师、同学、朋友等身边的人互相交流、展评、讨论。

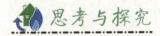 思考与探究

2011年立春时，部分城市最高气温比较

由于我国幅员辽阔，北至北纬53度33分，南至北纬3度52分，东至东经135度2分30秒，西至东经73度40分，所以各地的气温差异很大，立春之时各地的冷暖不一，有的地方已经是春天，有的地方还是冰雪天地，甚至有的地方已是夏日即将来临或已经是夏日炎炎了，下面让我们了解一下全国各地在立春时的气温。

海口

海口这里是常年绿色，立春之后大地已经鲜花盛开了。

广州

广州在立春时，气温已经达到了10℃以上，田野一片绿浪，水稻长势喜人。

上海

立春后的黄浦江畔，虽没有达到气象学上的春天气温，可河边的梅花已经含苞待放。

北京

北京处在华北的中心，这里在立春时节只是感觉天气渐暖，但依然是不见绿色，河里的冰也没有完全融化，只是稍有融化的迹象而已，寒冬并没有退出。

长春

长春立春时，气温仍然很低，人们在冰天雪地中迎接春节，到处一片雪白，只有带着冰霜的常绿树木黑松巍然屹立，这里仍然是冬季的收尾时段。

西安

西安立春之时，气温虽明显回升，阳光会让人们感觉到春天的温暖。但是早晚气温仍会在0℃左右，寒意依然，春天并没有到来。

昆明

昆明有春城的美誉，其冬季时间非常短暂，这里在立春前一个月已经是冬止春始、春意盎然了，只不过早晚和日间温差大一些，这并不影响鸟儿飞翔在公园里。

春回大地在何时？

一年分为春、夏、秋、冬四季，自古以来，人们把"立春"作为春天的开始，并把农历1到3月，视为春天。但是，由于我国幅员辽阔，气候多变，因此，许多地方的气候相差很大，人们逐渐发现把"立春"作为春天开始的这种方法并不科学。

于是，气象学家提出了以"5天日平均气温升至10℃为冬尽春始"来界定春天。

按照这一规定，在公历2月初的"立春"时节，我国大部分地区，日平均气温仍在10℃以下，特别是北方地区，寒冬未尽，地冻天寒。这些地域只不过是刚刚听到春天的脚步声，春天还没有真正的到来。

那么，幅员辽阔的中华大地，各地域的春天到底几时到来呢？根据科学标准，长江流域多于清明前入春，但"春风又绿江南岸"的时间不同：上游四川盆地因有重山围护，2月下旬入春，中游武汉3月中旬入春，下游上海3月下旬才迎来春天。由于海洋存热多，放热慢，东部沿海各地的春天姗姗来迟，比同纬度的内陆地区入春迟，春日也长。

华北地区入春始于4月中旬；东北大部入春时间在4月中下旬，最北部的黑龙江一带5月中旬才见到姗姗来迟的春天，黑龙江是我国入春最迟的地方。

西北大地由于气候干燥多沙漠，太阳热量几乎全部用于加热近地面大气层，因此春天来去匆匆，3月中旬入春，4月底夏至，春长仅一个半月，是我国春季最短的地区。

正当我国东部百花争艳之时，五月中旬海拔4 000米高的青藏高原飞雪迎春，这里和我国最北端一样，长冬无夏，春秋相连。但在青藏高原东南坡的云南，隆冬不寒，盛夏不热，常年日平均气温稳定在10℃至22℃之间，四时鲜花盛开，因此云南昆明素有"春城"之美称。

华南大地由于南岭山脉和武夷山阻挡，冷空气早已退避三舍，所以岭

南三冬无雪，四时花开，长夏无冬，春秋相随；最冷的1月中旬可视为冬尽春始，春长三个月有余，是我国东部春季最长的地方。

从华南再向南，就是碧波千顷中的南海诸岛，这里常年日平均气温在22℃以上，是四季皆夏无春、无秋、无冬的热带。

🍂 清明时节雨纷纷吗？ 🍂

唐朝大诗人杜牧在《清明》这首名诗中，写下了"清明时节雨纷纷，路上行人欲断魂"的佳句。清明时节真的是雨纷纷吗？清明时节多雨，是否有其科学道理呢？

清明前后，我国江南一带受太阳照射的时间愈来愈多，气温升高较快，再加上东南海上的温暖潮湿气流吹拂，使这一带的暖湿气流很活跃。与此同时，北方干冷空气尚未减弱，频繁南下，常常在江南或华南一带与南来的暖湿空气相遇。

气象学上把冷暖空气的交界面，称为锋面。在锋面的上空，由于南来的暖湿气流温度高而轻，北方南下的干冷气流温度低而重，暖而轻的气流被干冷而重的气流抬举上升。暖湿气流爬升到高空后，受冷的空气下降，发生水气凝结，形成了云层降下了雨。

如果冷空气势力很强，能够把暖湿空气推到海面上去，那么江南一带受冷空气控制，将会是一个晴朗的天空。但是，每年的4月上、中旬，正值大陆上两股冷、暖空气势力相当，持续的局面会维持很久，相持滞留在江南或华南一带，这就造成连续不断的霏霏细雨。

"清明时节雨纷纷，路上行人欲断魂"这一千古佳句，就是上述自然现象的反映。诗人依据细心观察到的这一自然现象，将其写入了诗中，他如实地反映了这一自然现象。

在江南一带及某些冷暖空气相遇的地域会出现这种天气现象。可是，在我国北方及西部、南部的清明时节，却和江南的清明时节的气候大不一样，因为那里没有冷暖空气的交锋，所以，也不会出现细雨霏霏的景象。甚至正好相反，西部、北方等许多地区在清明时节气温会很低，有的地方会飘起雪花，有的地方甚至干旱、或狂风大作，有时可能还有沙尘暴来

袭。"清明时节雨纷纷"指的是江南的气候特色，此时当地常常时阴时晴，充沛的水分一般可满足植物生长的需要，令人烦恼和不能忽视的倒是雨水过多导致的湿渍和寡照的危害。而黄淮平原以北的广大地区，清明时节降水仍然很少，对开始旺盛生长的作物和春播来说，水分常常供不应求，此时的雨水显得十分宝贵，这些地区要在蓄水保墒的同时，适时搞好春灌，以防止春旱的威胁。

 相关链接

我国北方冷暖多变的早春天气

立春过后，我国南方有些地方会有一场强南风吹过，从此"一场春风一场暖"，气温渐渐升高，天气渐渐暖和起来。春风吹绿了江河岸边的杨柳，吹绿了山坡上的小草。

可是，北方的春天并不是象南方那样，虽然春天的脚步渐渐走近了，但早春的天气却是冷暖多变，很不稳定。有时甚至还会下起春雪，春雪当然也会给大地作物播种带来益处。这种北方冷暖多变的早春天气是怎样形成的呢？

我国北方境外接壤的是蒙古、俄罗斯西伯利亚低纬度地区。立春之后，太阳直射地球的位置逐渐北移，地面气温回升。南方暖湿空气逐渐向北推移；北方由来自蒙古、俄罗斯西伯利亚、贝加尔湖的干冷空气，仍不示弱地由我国北方向南吹去，这种暖湿空气在江南一带只要有机会遇到干冷空气就会抬升，便会成云至雨。

来自我国境外蒙古、俄罗斯西伯利亚、贝加尔湖的冷空气和来自南方的暖湿气流，在我国境内频繁出现或交锋，至使早春的天气冷暖多变，很不稳定的。因此，就有了北方春季天气变化多端，忽阴忽晴，忽风忽雨的天气，这就像人们说的，春天的天气好像小孩子脸一样，"哭笑"无常，因此，"春天孩儿面，一天脸三变"就成为了春天天气的民间流行说法。

在春季里，我国大多数地区的天气是多风干旱少雨气候，会给工农业生

产、交通等方面和我们的生活带来许多不利的影响。例如，早春的干旱不利
于播种，早春的雨雪、大雾会使路面湿滑或降低能见度，不利于车辆行驶和
行人出行。所以，要注意春季天气多变，安排好出行和生产、生活。

北方的春旱

　　到了春季，大地复苏，一切生命
都渴望着春雨。因为我国南北方的地
域差异，气温和降雨也都差异很大。
这时会出现南方江南一带，湿润多
雨，而东北、西北、华北一带少雨干
旱的天气现象。因此，春雨贵如油指
的是包括东北、华北、和西北一带。
　　我国北方在春季到来时，由于太
阳直射点北移，使得地表升温迅速，
但地表空气只能得到地表的热量却得不到地表释放的水汽，气温回升较
快、有风天多，在阳光照射下，土壤水分蒸发强烈，造成水分散失，往往
易形成秋、冬、春连续干旱。另外，北方大陆的干空气和境外的冷空气依
旧控制北方地区，来自太平洋的暖湿气流较弱，在我国南方登陆后还不能
强劲北上，而到了江南一带就与北方南下的冷空气交锋，因此为华南、江
南一带带来丰沛的降雨。
　　东北、华北、西北等地经常发生春旱，使得空气干燥，不易成云致
雨，且此时虽然暖空气开始活跃但一般活动在南方地区，到不了北方，也
使得该地区降水稀少，出现旱情。春旱是北方地区春季常见的灾害，时间
长时，地表水干涸，地表龟裂，人畜饮水困难。做好预报工作，实时检测
天气变化，节约用水，实行人工降雨，以及南水北调均可以缓解春旱。

春季里的节气

立春

立春位居二十四节气之首，所以，人们常常以一年之计在于春来比喻春季的重要作用。

立春是从天文上来划分的，而在自然界，在人们的心目中，春是温暖，鸟语花香；春是生长，耕耘播种；这时，人们明显地感觉到白昼长了，太阳暖了，南方降雨也逐渐增多。

虽然立春节气到了，但是华南大部分地区仍是冬季。不过，立春之后南方地区居民已经开始繁忙的从事农业活动，进行春耕、春种、春管。

至于我国的大部分地区，真正气象学意义的春天还没有到来，只不过是有的地方听到了春天的脚步声。

雨水

每年的2月19日前后，太阳黄经达330度时，是二十四节气的第二个节气——雨水。此时，太阳的直射点也由南半球逐渐向赤道靠近了，这时的北半球，日照时间和强度都在增加，气温回升较快，来自海洋的暖湿空气开始活跃，并渐渐向北挺进。与此同时，冷空气在减弱的趋势中并不示弱，与暖空气频繁地进行着较量，既不甘退出主导的地位，也不肯收去余寒，气温回升、冰雪融化、降水增多，故取名为雨水。

雨水不仅表征降雨的开始及雨量增多，而且表示气温的升高。雨水前，天气相对比较寒冷。雨水后，人们则明显感到春回大地，春暖花开，沁人的气息激励着身心。

此时全国大部分地区严寒多雪之时已过，雨季开始，雨量渐渐增多，有利于越冬作物返青或生长。

惊蛰

每年3月5日或6日，太阳到达黄经345度时为"惊蛰"。惊蛰的意思是天气回暖，春雷始鸣，惊醒蛰伏于地下冬眠的昆虫，惊蛰是反映自然物候现象的一个节气。

现代气象科学探明"惊蛰"前后，之所以偶有雷声，是大地湿度渐高而促使近地面热气上升或北上的湿热空气势力较强与活动频繁所致。

从我国各地自然物候的进程看，由于南北跨度大，春雷始鸣的时间迟早不一。就多年平均而言，

云南南部在1月底即可闻雷，而北京的初雷日却在4月下旬。

惊蛰节气人们要注意气象台对强冷空气活动的预报，注意冷暖变化，预防感冒等季节性疾病的流行。

除东北、西北地区外，中国大部分地区平均气温已升到0℃以上，华北地区日平均气温为3—6℃，江南一带的气温为8℃以上，而西南和华南已达10—15℃，早已是一派融融春光了。

春分

春分是从每年的3月20日（或21日）。这天正当春季九十日之半，昼夜长短平均，故称"春分"。春分这一天阳光直射赤道，昼夜几乎相等，其后阳光直射位置逐渐北移，开始昼长夜短。春分是个比较重要的节气，它不仅有天文学上的意义，在气候上，也有比较明显的特征。春分时节，我国除青藏高原、东北、西北和华北北部地区外都进入了明媚的春天，在辽阔的大地上，杨柳青青、莺飞草长、小麦拔节、油菜花香。

春分时节，在我国的西北大部、华北北部和东北地区还处在冬去春来的过渡阶段，晴日多风，乍暖还寒。

这些地区常常大风呼啸，夹带扬沙、浮尘和沙尘暴不时来袭，造成大气污染，并因多风少雨而造成春旱。江南一带冷空气不断入侵，会出现气温持续偏低，并相伴连阴雨，有时甚至出现寒潮、霜冻，甚至出现春汛。

清明

清明一到，气温升高，正是春耕春种的大好时节，故有"清明前后，种瓜种豆"，"植树造林，莫过清明"的农谚。

清明时节，气温转暖，草木萌动，万物欣欣向荣，清明含有明洁之意。到了清明时节，东亚大气环流已实现从冬到春的转变。西风带槽脊移动频繁，低层高低气压交替出现。江淮地区冷暖变化幅度较大，雷雨等不稳定降水逐渐增多。

清明时节，除东北与西北地区外，我国大部分地区的日平均气温已升到12℃以上，大江南北直至长城内外，到处是一片繁忙的春耕景象。黄淮地区以南的小麦即将孕穗，油菜花已经盛开，东北和西北地区小麦也进入

拔节期，北方的旱作、江南早、中稻进入大批播种的适宜季节。

这时北方冷空气仍有一定势力，天气冷暖多变，尤其北方地区常常刮起干燥的、甚至夹带沙尘的春风，除少数地方的过冬小麦嫩绿诱人外，大地仍是一片春日苏醒前的沉寂现象。

谷雨

每年的4月20日或21日太阳到达黄经30°时为谷雨。谷雨是春季的最后一个节气，这时，南方的气温升高较快，一般4月下旬平均气温除了华南北部和西部部分地区外，已达20℃至22℃，比中旬增高2℃以上。华南东部常会有一两天出现30℃以上的高温，使人开始有炎热之感。此时低海拔河谷地带已经进入夏季。

东亚高空西风急流会再一次发生明显减弱和北移，华南暖湿气团比较活跃，西风带自西向东环流波动比较频繁，低气压和江淮气旋活动逐渐增多。受其影响，江淮地区会出现连续阴雨或大风暴雨。

我国南方大部分地区这时雨水较多，雨量约30至50毫米，每年第一场大雨一般出现在这段时间，对水稻栽插和玉米、棉花苗期生长有利。

春季 CHUN JI
里的动植物知识
I DE DONG ZHI WU ZHI SHI

大地回春万物复苏，田野上、树林里，各种动植物也先后开始它们新的生活。仔细观察周围植物的变化，你就会找到春天来临的影子。

一切动植物的生存都需要一定的气候条件，在那些季节分明的地方，春天又是一年适合动植物生长的开始。

观察与调查

观察春天的树木、野草

准备：

纸、笔、记录本、照相机等

过程：

（1）选择距家近的公园、山野或校园、社区、庭院。

（2）选择观察对象，如：柳树、杨树、松树、京桃、丁香等，选择一片草地或花池、地头、公路边等。

（3）确定观察时间，根据当地纬度不同，春季来临时间不同，北方地区在三月末、四月、五月，每隔两天观察一次树木出现叶芽的时间、气温和野草出土的时间、气温，并记录。

动手 DIY

种子萌发条件的实验

种子是有生命的，它的生命活动没有停止，只不过微弱得难以让人觉察。如果种子遇上了适宜的环境条件，就会慢慢发育成一株幼苗，这个过程就叫做萌发。种子在什么条件下会萌发呢?

◎ **准备**

3 只杯子，30 粒菜豆种子、胶带纸、清水

◎ **过程**

（1）在每一只杯子上各贴上一小块胶带纸，给它们编号并把号写在胶带纸上。

（2）在 3 只杯子中各放入 10 颗菜豆种子，并在 1 号杯中加入大半杯水，2 号杯中加入的水不使菜豆全部淹没，3 号杯不加水。把这 3 只杯子放

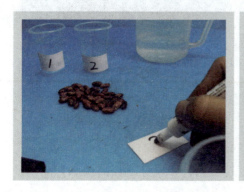

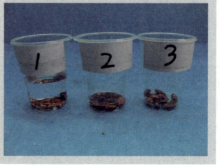

在室内见光处，几天后，观察哪个杯子里的种子发芽了。

◎ 柯博士告诉你

实验结果2号杯中的菜豆会顺利发芽。1号杯子里水太多了，过多的水隔绝了空气与种子的接触，种子离开空气不会发芽。3号杯子里的菜豆也不会发芽，因为它缺少水。这说明菜豆萌发需要水分、空气和适宜的温度。

❧ 种子发芽需要温度 ❧

种子发芽需要水和空气，种子发芽是否需要其他条件呢？让我们做一个实验来看看。

◎ 准备

2个盘子、湿沙、菜豆种子

◎ 过程

在盘子中放入一些湿沙，在两个盘子中分别拌入10粒菜豆种子。把一个盘子放在阳台上，另一个盘子用黑盒子罩上，放到冰箱的保鲜室，过几天看看结果吧。

◎ 科博士告诉你

在阳台上盘子中的种子发芽了，这说明种子发芽不仅需要水和空气，同时也需要温度。阳台上盘子里的种子，在阳光照射下，湿沙的温度提高了，适宜种子发芽。

北方，在春天播种后，有时为提高地温，往往用塑料膜覆盖，就是为种子发芽创造一个的适宜的地温。

检验种子是否有生命

种子是有生命的，并且它的生命力十分顽强，那么怎样才能检验种子是否有生命呢？让我们做个实验看看吧。

◎ **准备**

一个装有水的玻璃杯、1个罐头瓶、1个小药瓶、玉米种子、氢氧化钠溶液、1根透明的塑料管、墨水

◎ **过程**

（1）将干燥的玉米种子放入罐头瓶中，使玉米种子约占瓶子容积的1/3。

（2）在玻璃杯中注水，并滴几滴蓝墨水或红墨水。

（3）把氢氧化钠溶液灌进小药

瓶，然后把这个小药瓶敞口放在种子上面。

（4）在罐头瓶盖上钻一个口径相当于塑料管外径大小的孔。

（5）把塑料管插进这个孔，用凡士林涂抹防止透气，把塑料管另一端插入玻璃杯的水中。

几天后，就会看到红色水沿着玻璃管不断上升。

◎ 柯博士告诉你

我们知道有生命的种子就会有呼吸。种子的呼吸像人的呼吸一样，是吸收空气中的氧气，呼出二氧化碳。

瓶内种子吸收了瓶内空气中的氧气，放出了二氧化碳。但是，它放出的二氧化碳不能飞出罐头瓶，因为罐头瓶已经做了气密性的封闭。这些由种子呼吸排出的二氧化碳只能被小瓶内的氢氧化钠溶液吸收了。因此，整个瓶里空气的密度变小，压力降低了。这样，罐头瓶内的气压比外界的气压小，水杯里的水就沿着玻璃管上升，这就说明瓶内的种子有生命。干燥的种子，呼吸是非常微弱的，一般情况下，生命力较持久。潮湿的种子呼吸较旺盛，容易失去生命力。

如果，你没有看到塑料管内的有色水上升，就说明这些种子不能呼吸，也就是这些种子是没有生命的。

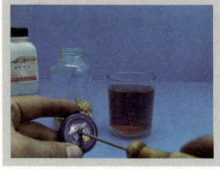

 小贴士

种子的保管

空气的温度、湿度对种子的寿命有直接影响，温度高，种子寿命短；温度低，种子寿命长；湿度大种子容易发芽，或者霉变，因此不同的种子都有严格的空气温度和湿度的要求，所以保存种子要经常监测，并及时地通风以保持空气的温度和湿度。大量的种子贮存都有专门的库房和现代化的调节气温、湿度的设施，并有专门的技术人员管理。

种子的生命力

不同植物的种子，寿命也各不相同。有些植物种子的寿命很短，甚至短到十几个小时，例如，垂柳的种子成熟后，在12小时内有发芽能力。可可的种子，从母体中取出35小时以后，就失去了发芽能力。大多数热带和亚热带的植物，像甘蔗、金鸡纳树和一些野生谷物的种子。最多只能活上几天或几个星期；橡树、胡桃、栗子、白杨和其他一些温带植物种子的生命力，都不能保持很久。

也有些植物的种子寿命是很长的，如我国辽宁普兰店发现的古莲子，估计寿命有1 000年以上，它在北京植物园内种植后发芽生长了。

子叶的功能实验

植物的种子都有子叶，子叶对植物的生长有很大的作用，子叶很肥厚，子叶里含有植物生长初期的营养成分，做一个实验就会清楚地看到。

◎ **准备**

大豆种子、1个盘子、3个小花盆或自制的花盆

◎ **过程**

（1）把大豆种子放到盘子里用水浸泡两天，再分别栽种到3个花盆里，每个花盆里播种10粒。

（2）过几天，小芽就会破土而出，这时你可以在每个花盆里留3棵一样健壮的小苗，其余全部拔掉。这3个盆就是3组，将其编写上1、2、3、号。

（3）把第一组3棵苗的子叶全部去掉；第二组的3棵去掉2片子叶中的一片；第三组的3棵保留全部的子叶。过两周以后，观察这3组小苗的长势，对比一下哪个组的小苗长得好。

◎ **柯博士告诉你**

实验的结果是去掉两片子叶的第一组小苗，长势非常糟糕，叶片很少；第二组的小苗长势好于第一组的小苗，但远不如第三组的小苗茂盛。

子叶是种子的重要组成部分，子叶里面含有丰富的养料，这些养料供植物生长初期的需要，如果没有了子叶，植物的生长就会因缺乏养料而生长缓慢，甚至不能生长，而两片子叶都有，它们就会有充足的养料，因此生长的形态就会很茂盛。

 小贴士

单子叶植物和双子叶植物

单子叶植物中最常见的应属小麦、水稻、玉米、美人蕉、白玉兰等，双子叶植物中最常见的则应是大豆、花生、苹果、菊花、棉花、向日葵等。

它们的根本区别是在种子的胚中发育两片子叶还是发育一片子叶，两片的称为双子叶植物，一片的称为单子叶植物。双子叶植物的根系基本上是直系，主根发达，不少是木本植物，茎干能不断加粗；叶脉为网状脉，花中萼片、花瓣的数目都是5片或4片，如果花瓣是结合的，则有5个或4个裂片。单子叶植物的根系基本上是须根系，主根不发达，主要是草本植物，木本植物很少，茎干通常不能逐年增粗，叶脉为平行脉，花中的萼片、花瓣的数目通常是3片，或者是3片的倍数。利用上述几方面的差异，可以比较容易地区分单子叶植物和双子叶植物。

在整个被子植物中，双子叶植物的种类占总数的4/5，双子叶植物除了几乎所有的乔木以外，还有许多果类、瓜类、纤维类、油类植物，以及许多蔬菜；而单子叶植物中则有大量的粮食植物，如水稻、玉米、大麦、小麦、高粱等。

❧ 采 树 种 ❧

你见过树的种子吗？在春天许多树都开出了花，并结出了种子，有的树开出鲜艳的花朵装点嫩绿的春天，有的树开花并不引起人们的注意，甚至也引不来蜂蝶，但风会为它们授粉，使其结出了饱实的种子，并为它们把种子播种到大地上，让它们繁育后代。

◎ **准备**

找几个废旧的包装盒。

◎ **过程**

（1）选择春天的一个双休日，和你的伙伴们在校园、公园、街道等地方去采集树种。

（2）在采集树种时，要把不同的树种分开装在不同的盒子里。

（3）请教老师和园林、苗圃的技术人员，讲解一下这些种子。

（4）把这些种子晒干后，用胶粘在纸板上，并画出这种树，写上标签。

（5）在小组或班级举办一次展览，看谁采集的树种多，制作的标本好。

❧ 观察昆虫的形态 ❧

观察昆虫，是培养观察能力和观察习惯、简便易行的一种科学活动。请你和你的小伙伴讨论、策划一次室外观察昆虫的活动。

◎ **要求**

（1）选择观察的日期、时间、地点。

（2）准备需要携带的扑捉、观察昆虫的工

具。（昆虫扑捉网、昆虫盒、放大镜等）

（3）讨论注意事项和安全问题。

（4）写一篇观察日记。

（5）整理采集的昆虫并制作昆虫标本。

（6）聘请一位辅导员，请他审查你的观察计划并帮助你认识昆虫。

请和我一起观鸟

在我们的生活中，你注意到除了乌鸦和麻雀以外还有其他的鸟类吗？你注意到乌鸦羽毛的颜色是纯黑色的吗？你注意到身边小鸟的趣事吗？

◎ **准备**

（1）找一个有鸟的公园、游船较少的水域、池塘边也可以去荒野一点的水库、河流、湖泊、乡村住宅边看看。

（2）请老师讲观鸟的方法、经验；或请父母、有观鸟经验的人指导。

（3）准备一架 8 倍或 10 倍的双筒望远镜、一架照相机、DV 机，再准备一本鸟类的图谱，带上一个小本子和一支不用笔帽的笔，就可以出门了。

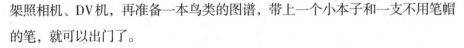

◎ **过程**

（1）步行或乘车去观鸟地点。

（2）在观鸟地点找一个隐蔽的观鸟点。

（3）搜寻鸟的踪迹。

（4）用望远镜观鸟，听声辨鸟，听声寻鸟，为鸟画像或拍照。

（5）对照鸟的图谱辨认鸟。

（6）自己动手制作观鸟记录表。

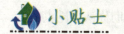 小贴士

观鸟守则

（1）随时提醒自己保持隐密与安静，尽量用手语交流，不要惊吓野鸟。

（2）避免追逐野鸟，让它们能自由地觅食与休息。

（3）不用任何不当的方法驱赶或诱引野鸟。

（4）观赏候鸟过境时，谨记它们迫切需要休息与进食。

（5）遇孵蛋或育雏中的鸟巢，应尽快离开，避免大鸟弃巢。

（6）不进入在地面筑巢的野鸟繁殖地。

（7）不捕捉野生鸟类，不公布野鸟繁殖地点。（主要是为了避免信息公开引起鸟贩的注意）

（8）观鸟时不要急于用望远镜，要先用裸眼寻找小鸟，并确定鸟所在位置的树枝、岩石、水面，然后再用望远镜观察，这样能较快的捕捉目标。

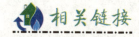 相关链接

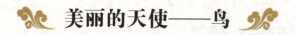 美丽的天使——鸟

鸟类是天空的主宰，鸟类独特的羽毛及其特殊的身体结构决定了只有它

们才能在天空中飞翔。它不仅给大自然增添了无限生趣，而且能保护农林，消灭害虫，维护自然生态平衡，对人类大有益处。因此，世界上许多国家都将爱护鸟类作为人类文明的标志之一。

目前，鸟类一族有近9 000个品种，它们遍布世界各地。鸟有翅膀，它们身体的外形和结构赋予它们飞行所需的力量和体形。但是鸟并不是唯一有翅膀的动物，很多昆虫有翅膀，蝙蝠也有。而且有些有翅膀的鸟却不能飞，企鹅和驼鸟即是一例。所有的鸟都有翅膀、羽毛和脊骨，它们是温血的动物并且产卵（即生蛋）。但鸟类区别于其他动物的独特之处是它们的羽毛，在多数鸟的身上，除了喙和腿之外都覆盖着羽毛。羽毛既坚韧又有弹性，如同爬行动物的鳞片一样。羽毛上像线一样的东西称为倒刺。羽毛有助于鸟的飞翔，但并非它们唯一的功能，它的另一功能是保住贴近皮肤的空气以保持体温。鸟是脊椎动物，正是这些脊椎骨才使鸟有强壮和硬朗的体形。鸟与爬行动物不一样，是温血的，它们的体温总是保持稳定。这便使鸟儿可以在不同的地区生活，企鹅能在冰天雪地里生活的原因之一就是它们是温血动物。它们的羽毛和翅膀一样也可用来吸引异性，还有它们婉转动听或粗厉的鸣叫声。鸟和爬行动物都下蛋，鸟蛋蛋壳硬而脆；爬行动物的蛋壳软而韧。各种鸟类的食性不同，它们依据自己的食性，要么捕食昆虫和蚯蚓，猎食小动物和鱼虾；要么吃野果或吸食花蜜。

我国有鸟类1 183种，而且有许多特有品种，是世界上鸟类最多的国家之一。鸟类是极其重要的自然资源，它与人类的生活息息相关，还与人类的文化艺术发展有着深厚的关系。不过更重要的是，鸟类在维持生态平衡方面起着积极地作用。在近代科学技术发展史中，鸟类适应飞行生活的形态特征也给人类的航空事业有很多的启示。因此，我们把鸟类看作人类生活中最亲密的朋友。

🌿 人类的朋友 🌿

我们周围有许多的鸟，像啄木鸟、猫头鹰，你还认识哪些益鸟呢？你知道吗，一对啄木鸟可以防治几千顷树林的害虫。一对燕子一年育雏两窝，它们及其幼燕，一年当中总共能吃掉100万只害虫。如果把每年每只燕子平均吃的害虫，头尾相接排成长队，长度能达到1 000米。一窝猫头鹰仅在一个夏季里，就能捕鼠1 000多只。大山雀的幼鸟一天吃的害虫，加起来的重量比自己体重还大！而且，大山雀还特别爱吃害虫虫卵，在害虫产卵高峰期，一只大山雀一天能啄食1 000粒虫卵。

危害松树的松毛虫，满身毒毛，一般鸟不敢惹它们，杜鹃却把它们当成美味佳肴。还有啄木鸟、喜鹊、黄莺、百灵鸟等都是除虫的能手。鸟类为人类的农业、林业立下了很大的功劳。

我国人民自古就有保护鸟类的优良传统，在唐、宋、元、明、清时代的有关文献中都记载着，在繁殖期间禁止捕猎鸟兽和拾拣鸟卵的禁令。新中国成立后，政府制定了一系列法令，又制定了"野生动物资源保护管理条例"等，保护动物从法律上得到了保证。但是，要使广大人民特别是青少年，从内心里自觉地保护和爱护鸟类，仍需进行广泛宣传和教育。要使群众了解到，乱捕滥杀，甚至无知地猎取珍稀动物而食的行为，是可耻的犯罪。伴随着各地爱鸟活动的逐渐普及和深入，自觉地保护鸟类资源会更深得人心，使"人海都市"的担心成为过去，让"鸟语花香"的现实尽快到来。

春季 CHUN JI
里的安全保健知识
LI DE AN QUAN BAO JIAN ZHI SHI

春季从立春开始，止于立夏前一天。春季阳气蒸发，大地回春，万象更新，是一年中最好的季节。俗话说"一年之计在于春"，因此，我们一定要做好春季的养生保健和安全防护，为一年的健康打下基础。

春游安全

进入春季，春回大地，无处不彰显春光春色，在阳光明媚、鸟语花香、春意盎然之时，如在周末一家人或亲朋好友相邀结伴，远足郊外，爬山穿林，沐浴在阳光、微风、青山、绿水的大自然之中，一定是一项利于身心健康的活动。

春游不但能愉悦身心、强身健体，还能增长知识、陶冶情操，但春游也要注意安全保健。

第一，要量力而行。春游的地点不要太远，要根据自己的身体状况选择适当的地点。游玩注意不要过度，不能乐而忘返，造成过度疲劳。如果出现心悸、乏力多汗、头晕眼花等症状，应尽早休息，切忌勉强。

第二，要穿戴适当。春天气候多变，乍暖还寒，要带足衣服，以防感冒。鞋子应选用轻便、无跟防滑和高弹性的运动鞋，大小要合适，以免影响血液流通，防止脚趾挤伤和脚底麻木不适。

第三，要注意饮食保健。春游时，体力消耗较大，身体内所需的能量和各种营养物质较多，所以春游中的饮食是保健的重点。同时，应避免食用不洁、生冷食品，以免引起消化不良和一些传染病。

第四，要防止过敏。郊外的某些植物会引起一部分人过敏，如患荨麻疹等。少数人还可能会出现胃肠道过敏症状，如出现胸闷、呼吸困难现象，应及时送往医院。过敏体质者春游时应带上抗过敏药物。

第五，要注意场所选择。春游宜在田野、湖畔、公园、林区、山区等场所，以接触较多的负氧离子，起到健脑驱劳、振奋精神的作用。

第六，要防止意外事故。春游时，要注意乘车的安全，并注意上下车的安全。在游玩的路上应尽量避免走陡峻的小路，不要独自攀登山林石壁，也不要在河边湖边附近有危险的地方游玩，要随身带好常用的急救药品。

第七，要注意保护自然环境。在春游时一定要注意保护公共环境的卫生，注意保护动植物的安全，不要滥挖野菜，不要伤害树木小草，更不要伤害小动物。

第八，春游回来要用热水洗脚。春游时脚部肌肉不停地进行收缩运动，易引起局部肌肉酸痛。热水洗脚可使毛细血管扩张，促进足部血液循环，还可使皮脂腺的分泌和毛孔散热作用恢复正常。所以，春游后不要忘了用热水洗脚。

抗击春困赶走疲劳

春困是自然气候、气温回升而产生的一种暂时生理现象。原来，人们在寒冷的冬季和初春时，受低温的影响，皮肤汗腺收缩，以减少体内热量的散发，保持体温恒定。进入春季，气温升高，皮肤毛孔舒展，供血量增多，而供给大脑的氧相应减少，大脑工作受到影响，生物钟也不那么准了。暖暖的春阳，磁场强度增大，机体自然会对这些作出反应。在冬季里，因为紫外线及阳光照射不足，机体内缺少足够的维生素D，使得机体的免疫力和工作能力降低了许多。加上维生素摄入较少，所以当春天来临的时候，身体机能大多处于半昏睡状态。因此，在冬春之交，我们对天气的变化特别敏感。有人把这称为"春天疲劳症"。

春困虽然不是病，但也会影响人们的学习和工作，比如对学习压力大的学生、工作繁忙的白领、须精力集中的司机等，春困是令他们很苦恼的一件事。

那么随着春天的到来，人们该如何远离春困呢？有人认为，只要春天多睡就不会发困了，其实不然。一般情况下，成年人每天睡眠8小时左右就可以了，再增加睡眠反而可能降低大脑皮层的兴奋性，使之处于抑制状态，人会变得更加昏昏欲睡，无精打采，结果是越睡越困。

我们可以从以下三点预防春困：

方法一：生活节奏要规律

要克服春困，首先生活节奏要把握好，不要一时冲动要学习就熬通宵，睡觉时间时早时晚，应养成比较有规律的生活习惯。实践证明，对冬日里养成的生活习惯作适当调整，使机体逐渐适应春季气温上升的气候，是解除春困的关键。例如，冬天为保暖，通常会关门闭户，到了春天就要经常开门窗，使室内空气流畅；起居方面也要注意保证一定的睡眠时间，足够的睡眠有助消除疲劳。

方法二：多运动

春回大地，万物复苏的时节，应多走出户外活动，进行一些适量的健身锻炼项目，可有效地改善生理机能，使身体呼吸代谢功能增强，加速体内循环，提高大脑的供氧量，春困就会缓解。比如清晨散步、做操、跑步、打太极拳对于振奋精神十分有益。

方法三：饮食调理

现代医学研究认为，春困与人体蛋白质缺少、机体处于偏酸环境和维生素摄入不足有关，因此春困时应注意增加蛋白质的摄入，如适当增加鱼类、鸡蛋、牛奶、豆制品、猪肝、鸡肉、花生等食物。春天来临要注意多食碱性食物，综合体内酸性产物，消除疲劳。不可多食寒凉、油腻、粘滞的食品，更不可过多饮酒。最好每天多吃些新鲜蔬菜和水果。蔬菜中含碱量较多，多吃蔬菜水果对改善春困非常有益。增加维生素的摄入，如维生素C有制造细胞间粘连物质的作用，对人体细胞的修补和增长很有帮助；B族维生素有防止神经系统功能紊乱，消除精神紧张的作用。所以，多食含有丰富维生素的食物和蔬菜，对解除春困有积极作用。

此外，营养专家还提出以下建议：

一日三餐不要吃得太饱，否则胃过度膨胀，人容易犯困。

很多人早上不吃早餐，这会造成了大脑供糖不足，注意力不易集中、昏昏欲睡。其实，早餐一杯牛奶外加几片面包是不错的选择。但牛奶最好别空腹喝，一定要与淀粉类食物结合。

缺锌会影响人的认知和注意力的集中，而海产品诸如紫菜、海带中，蕴含着丰富的锌，每周适宜进食这类食物1到2次。

当春困袭击你时，你又该如何把它赶走呢？以下是颇为实用的一些方法：

方法一：触觉刺激

困倦思睡时，用具有芳香气味的牙膏刷牙漱口，并用冷水洗脸，提高机体神经系统的兴奋度，从而达到消解春困的目的。

方法二：视觉刺激

走出室外，到郊外、湖畔、泉侧、海滨、山巅，举目眺望。如果长期在室内，也可在室内添置一些色彩艳丽并富有生机的饰物以及花草，给人以一种赏心悦目之感，良好的视觉刺激，有利于消除春困。

方法三：味觉刺激

吃点苦酸麻辣的食品，亦可泡杯浓茶或咖啡，以解困意。

方法四：嗅觉刺激

困倦时，可闻闻风油精、清凉油、花露水以及点燃的卫生香，可驱除困意，振作精神。如果能因地制宜，在居室、阳台或庭院中种养一些有芳香味又可提神的时令花草，对缓解乏意也有益处。

方法五：听觉刺激

困倦时，常听些曲调优美明快、有激励振奋人心作用的音乐或歌曲，以愉悦身心，或者欣赏一些相声、小品、笑话及喜剧影视作品，在获得欢笑之时，兴奋神经，驱除困意。

方法六：活动肢体

困意时，活动活动肢体，可疏筋活血，通利关节，使大脑兴奋起来。

抵御沙尘保护健康

春天，春风和煦，阳光明媚，大自然像一幅美丽的风景画。可在我国的西北、华北、东北一带，每年都有十几次的沙尘天气袭来，大风夹着沙尘刮得天昏地暗，严重的沙尘暴给交通、农牧业生产带来严重的影响，甚至会带来灾害，同时也会影响人们的身体健康。

沙尘天气是指强风将地面尘沙吹起、使空气非常混浊，使水平能见度急剧下降的天气现象。气象上将浮尘、扬沙、沙尘暴统称为沙尘天气。

眼、鼻、喉、皮肤等部位直接与空气接触，因此，沙尘袭来极易损害这些部位，当人未加防范而遭遇高密度沙尘时，皮肤、鼻、眼、气管和肺就会受到伤害，主要表现为刺激症状和过敏反应，而肺部受损则较为严重和广泛，如流鼻涕、流泪、咳嗽等，以及气短、乏力、发热、盗汗等全身反应。这些多为短期症状，是人

体清除异物的一种自我保护的方式，一般这种损害不会持续存在。不过，有时反应也会很严重，特别是首次或突然大量接触高密度沙尘时，可表现为突发气促、胸痛、胸闷、头疼、头晕等，原有哮喘、慢性肺病、心脏病等患者会更明显。降落在皮肤或眼内的沙尘，还会引起皮脂腺和汗腺的阻塞，导致皮肤炎症、结膜炎等。进入肺部的颗粒物可导致支气管的通气功能下降、肺泡的换气功能减弱，并可进一步引起多方面的危害。长期生活在这种气象条件下的人，可能增加患气喘病、呼吸系统等疾病的机率。

我国北方的春天，都会有多次沙尘天气。为此，我们不得不多加注意，以保护自己的身体健康。首先，我们应该多注意天气预报，注意天气变化，在沙尘暴到来之前做好准备。其次，如果遇到沙尘天气，要注意交通安全，减慢您的车速，注意瞭望；注意带好风镜、口罩、围巾，以保护好皮肤、鼻、眼、气管和肺不受伤害。当然，在这样恶劣的天气里减少外出也是必要的。当你行走时，还要注意，不要被风刮起的物体砸伤。再次，就是注意多饮水，以保持身体中水分充足，新陈代谢正常。

春季洗手防感冒

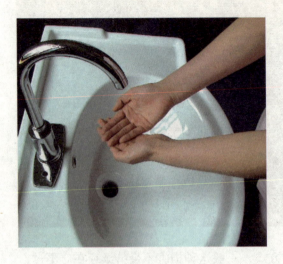

春季虽然气候转暖，但气温变化无常，人们稍不注意，就会被感冒病毒击倒。一些专家为此提出了最新潮的防感冒绝招——勤洗手。

在过去，医学专家们一直认为，口腔是传播感冒的主要途径：感冒患者在咳嗽和打喷嚏时，会把病菌带到空气中，健康的人在吸进这种空气时，会把感冒病毒一块儿带入体内。但流行性流感却让欧洲的一些医学专家产生了一种新的观点，即感冒主要是通过手传染，而不是口腔。

南斯拉夫医学研究所的马尔科维奇教授撰文指出，感冒患者在咳嗽和打喷嚏时带出的病毒会在很短的时间内降落到地上，健康的人只要不是长时间地和感冒患者在一起，受传染的机会并不大。研究表明，手和手的接触才是感冒病毒传播的主要途径。感冒患者的手部有大量的病毒存在，健康的人和感冒患者握过手后，自己也就成了带菌者，如果再摸鼻子，感冒病毒就会从手部跑到呼吸系统中去。

这一过程的完成极其自然，很多人就是这样在不知不觉中被传染上感冒的。所以预防感冒，关键是要勤洗手，而且洗手还不能马虎，要用肥皂或洗手液才行，因为感冒病毒外面有一层油性物质，光用水是洗不掉的，只有肥皂或洗手液，才能把这层油性物质溶解掉。

适合 SHI HE

春季的活动

CHUN JI DE HUO DONG

我们从昨天走来，正在经历着今天，又向未来走去。稍纵即逝的时间是那么平凡，又是那么神奇。珍惜时间、把握时间的人，他们的生命是那么璀璨，为人类留下了宝贵的财富，为人类做了许多贡献，让人们永远传颂。

珍惜时间

我们从昨天走来，正在经历着今天，又向未来走去。稍纵即逝的时间是那么平凡，又是那么神奇。珍惜时间、把握时间的人，他们的生命是那么璀璨，为人类留下了宝贵的财富，为人类做了许多贡献，让人们永远传颂。

时间的含义

时间是人类用以描述物质运动过程或事件发生过程的一个参数，确定时间，是靠不受外界影响的物质周期变化的规律。例如月球绕地球的周期，地球绕太阳的周期，地球自转周期，原子震荡周期等。爱因斯坦说：时间和空间是人们认知的一种错觉。大爆炸理论认为，宇宙从一个起点处开始，这也是时间的起点。

时间的本原就是事物的存在过程。时间是所有事物皆具有的天然属性，时间是存在的表征，是过程的记录，是人们描述事物存在过程及其片段的参数。如果物质没有变化，时间就不存在。就算存在，它也没有任何意义。

事物的存在状态无外乎是静止及运动变化，事物的运动变化既有其在空间上的位移，也有其性状的改变。时间是判别一般事物是处于静止阶段还是运动变化阶段的关键。

一般事物都有其开始的一刻，也有其结束的一刻。但至少有一个事物除外，这就是绝对空间。而其他事物的存在过程都可对应于绝对时间的某一部分。当然，其他事物的时间在一定条件下也可相互对应。

　　时间是人最大的成本，同样也是每个人的资本和财富。时间对每个人都是公平的，它给予每个人的一天都是二十四小时，一千四百四十分钟，从你来到这个世界的那天开始，它就陪伴着你度过每一天，无论你是贫、是富、是贵、是贱，时间从来没离开过你。

　　时间是有限的，同样也是无限的，有限的是每年只有三百六十五天，每天二十四小时，但它周而复始地在流逝，人生匆匆不过几十个春秋，直至老去的那天为止。时间还是那样，每一分每一秒地在走，像是无限的一样，但它赋予我们每个人的生命是有限的……

　　著名作家鲁迅先生曾经说过：时间是组成生命的材料，浪费别人的时间无异于谋财害命。所以我们做任何事情，都必须珍惜时间，不要浪费自己的一分一秒，更不要浪费别人的时间。

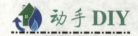 动手DIY

制作日晷

◎ **准备**

300毫米×300毫米纸板或三合板、竹针、泡沫块、白胶、量角器、圆规、剪刀、笔

◎ **过程**

（1）在300毫米×300毫米的纸板上用圆规画出一个圆，画出日晷的面盘。在面盘上按顺时针分别注上0，1，2……24作为时线，反面则按逆时针方向注上0，1，2……24作为时线。（注意，正反面0时线要重合）。

（2）用剪刀剪下日晷的面板。

（3）用竹针作晷针，把它插进面板的中心处。使竹针和晷盘成一个直

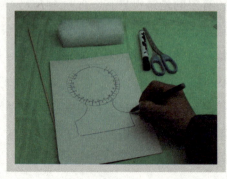

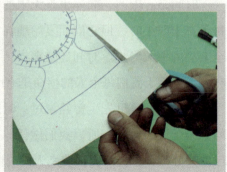

角，并使指针在晷盘两面的长度相等。

（4）用美工刀切割泡沫塑料块作晷座。

（5）把晷盘粘在晷座上，一个简单的日晷就做成了。

 相关链接

阅读与思考：爱迪生对助手的批评

大发明家爱迪生一生只上过三个月的小学，他的学问是靠母亲的教导和自修得来的。他的勤奋学习、喜欢动手动脑、珍惜时间的好习惯，激发了他的创造兴趣，完成了电灯、电报机、留声机等总计2 000余种的伟大发明，使他成为举世闻名的"发明大王"。他的发明为转变人类的生活方式作出了重大的贡献。

爱迪生从小就对很多事物感到好奇，而且喜欢亲自去试验一下，直到

明白了其中的道理为止。长大以后，他就
根据自己这方面的兴趣，一心一意做研究
和发明的工作。

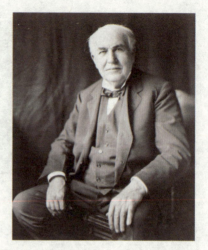

爱迪生常对助手说："最大的浪费莫
过于浪费时间了。""人生太短暂了，要
多想办法，用极少的时间办更多的事情。"

一天，爱迪生在实验室里工作，他
递给助手一个没上灯口的空玻璃灯泡，
说："你量量灯泡的容量，"然后他又低
头工作了。

过了好半天，他问："容量多少?"他没听见回答，转头看见助手拿
着软尺在测量灯泡的周长、斜度，并拿了测得的数字伏在桌上计算。

他说："时间，时间，怎么费那么多的时间呢?"

爱迪生走过来，拿起那个空灯泡，向里面装满了水，交给助手，说：
"里面的水倒在量杯里，马上告诉我它的容量。"

助手立刻读出了数字。

爱迪生说："这是多么容易的测量方法啊，它又准确，又节省时间，
你怎么想不到呢? 还去算，那岂不是白白地浪费时间吗?"

助手听了爱迪生的话，脸一下子变红了。爱迪生喃喃地说："人生太
短暂了，太短暂了，要节省时间，多做事情啊!"

俄罗斯民间故事：时间机器

在很久以前，有一个非常刻薄的地主，顾了一些长工为他种地。长工
们从早到晚的在地里干活，日出而作，日落而归。而这个地主却吃喝玩
乐，非常轻松、愉快。

一天,他外出游玩时,不知不觉的太阳落山了,他坐着马车回家。他想:"今天怎么过得这么快呢?还没玩够,天就要黑了,长工们在这一天里就挣我半个卢布,也太便宜他们了。"

第二天,他召集长工们说:"谁能给我造个机器,这个机器能使一天的时间变长,使太阳迟迟不落,我就给他100个卢布。"一个长工说:"地主老爷,我能造一个使你满意的机器,不过得需要你自己开这个机器。"

地主听了很高兴,就叫他造时间机器。这位长工用木头做了几个大大小小的齿轮,并且安装在一起,还安上了一个大大的摇柄。

长工对地主说:"老爷,只要你不停地摇这个摇柄,太阳就会落得很慢。"

于是,当太阳升起时,老爷就开始摇起了摇柄。刚开始时,他觉得挺高兴,当摇到中午时,就累得满头大汗了。他想,这个机器真好用,时间怎么过得这么慢!到了下午,他已经摇不动了,这时的太阳还没有落山!

地主老爷把那个制造机器的长工叫到跟前:"你很聪明,谢谢你的教诲,时间是不会变长的,只要你们抓紧时间干活,我是不会亏待你们的!"

惜时名言

明日复明日，明日何其多，日日待明日，万事成蹉跎。

——（清）钱鹤滩

一寸光阴一寸金。 ——（唐）王贞白

没有一种不幸可与失掉时间相比了。

——屠格涅夫

时间的步伐有三种，未来姗姗来迟，现在像箭一样飞驰，过去永远静立不动。 ——席勒

世界上有样东西是最长的又是最短的，最快的又是最慢的，最能分割的又是最广大的，最不受重视的又是最受惋惜的；没有它，什么事情都做不成，它使一切渺小的东西归于消灭，使一切伟大的东西生命不止。

——法国大思想家伏尔泰

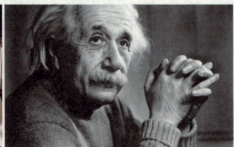

茅以升　　　　　　　　爱因斯坦　　　　　　　华罗庚

任何一种对时间的点滴浪费，都无异于一种慢性自杀。

——茅以升《全速前进》

我没有功夫去看戏。 等你们六十岁的时候，你们就会珍惜能由你们支配的每一个钟头了！

——爱因斯坦《惜时如金》

时间是由分秒积成的,善于利用零星时间的人，才会做出更大的成绩。

——华罗庚

观察与调查

❧ 生命之水 ❧

　　世上一切生物都离不开水，人类需要水来维持生命和健康，需要水来灌溉农田，需要水来进行工农业生产，又以工农业生产的产品来满足人们的生活需要。

　　自然界的动植物也需要水来维持生命，水使地球的动植物生机勃勃，水创造了各式各样的地表形态，使我们的地球家园风景秀丽。

生命的乳汁

　　地球是目前可探测到的宇宙天体中，唯一一颗生机盎然的、美丽的星球，因为这里有水哺育着美丽的生命。

　　水像乳汁一样哺育了地球上的动物、植物、微生物和人类，水哺育了一切生命。

　　地球上的生命最初是在水中出现的，水是所有生命体的重要组成部分。生物学家说：水是生命之源，所有的生物都离不开水。

　　一切生命体中都含有大量的水分，例如，黄瓜中，水占约93%以上，梨中，水占约85%以上，苹果中，水占约75%以上，人体中水占

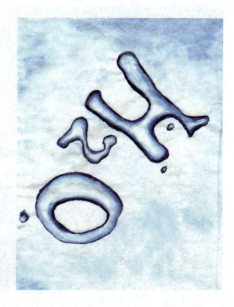

70%左右，人体细胞的重要成分是水；而水母中98%都是水。

水在一切生命中，都是参与生命过程中必不可少的物质，水有利于生物体内化学反应的进行，在生物体内还起到运输物质的作用，水对于维持生物体温度的稳定也起很大作用。

一切生命如果离开水，就会发生危险。

植物如缺乏水，就会因缺水而使叶枯萎致死；人要失去体重的10%以上的水分，身体就会发生脱水现象，甚至危及生命安全。水是维持生命必不可少的物质，人对饮用水还有质量的要求，如果水中缺少人体必需的元素或有某些有害物质就会影响人体健康。

人对水的需要仅次于氧气。人如果不摄入某一种维生素或矿物质，也许还能继续活几周或带病活上若干年，但人如果没有水，却只能活几天。

人体在正常情况下，冬天的一昼夜需要2.5升水，夏天的一昼夜则需4升水。

这里介绍一下水对人体的重要作用。

人的各种生理活动都需要水，如水可溶解各种营养物质，脂肪和蛋白

质等要成为悬浮于水中的胶体状态才能被吸收；水在血管、细胞之间川流不息，把氧气和营养物质运送到组织细胞，再把代谢废物排出体外，总之人的各种代谢和生理活动都离不开水。

水在体温调节上有一定的作用。当人呼吸和出汗时都会排出一些水分。比如炎热季节，环境温度往往高于体温，人就靠排汗，使水分蒸发带走一部分热量，来降低体温，使人免于中暑。而在天冷时，由于水贮备热量的潜力很大，人体不会因外界温度低而使体温发生明显的波动。

水还是体内的润滑剂。它能滋润皮肤。皮肤缺水，就会变得干燥失去弹性，显得面容苍老。体内一些关节囊液、浆膜液可使器官之间免于摩擦受损，且能转动灵活。眼泪、唾液也都是相应器官的润滑剂。

水影响气候、地貌

水以三态的形式存在于地球的周围、地表、地下，它们精彩地演绎着地球的四季色彩，影响着气候变化。

大气中的水汽能阻挡地球辐射量的60%，保护地球不致冷却。

海洋和陆地水体在夏季能吸收和积累热量，使气温不致过高；在冬季则能缓慢地释放热量，使气温不致过低，这样才为人类创造了一个适于生存的环境。

海洋和地表中的水蒸发到天空中形成了云，云中的水通过降雨落到地表，滋润着大地万物。

夏季降水则成雨，冬天则变成雪。落于地表上的水渗入地下形成地下水，地下水又从地层里冒出来，形成泉水，经过小溪、江河汇入大海。形成一个水循环。

雨雪等降水活动对气候形成有重要的影响。在温带季风性气候中，季风带来了丰富的水气，形成明显的干湿两季或春夏秋冬的彩色四季。

在自然界中，由于不同的气候条件，水还会以冰雹、雾、露水、霜等形态出现并影响气候和人类的活动，浓缩的水可以反射阳光形成彩虹，成为一道宜人的风景。

地球表面有71%被水覆盖，地球上水的体积大约有1 360 000 000立方公里。海洋占了1 320 000 000立方公里（或97.2%）；冰川和冰盖占了25 000 000立方公里（或1.8%）；地下水占了13 000 000立方公里（或者0.9%）；湖泊、内陆海和河里的淡水占了250 000立方公里（或0.02%）；大气中的水蒸气在任何已知的时候都占了13 000立方公里（或0.001%）。所以，从空中来看，地球是个美丽的蓝色星球。

地球表层水体结构形成了水圈，包括海洋、河流、湖泊、沼泽、冰川、积雪等成为了我们地球的靓丽风景。

这样，我们才会看到波涛汹涌的蔚蓝色海洋，清清的河水、小溪，看到生长着各种水生植物的湖泊、湿地；看到皑皑的高山积雪和冰川。靓丽的风景为我们这个家园增添了一幅幅美丽的画卷。

自古以来，人们就喜欢近水而居，先祖们或居于江河湖泊边，或居于临海沿线，因为那里不仅风光秀美，更是为他们提供了许多便利的生存条件。

珍惜水资源

水，是一种我们经常见到的、但又不被人们重视的珍贵资源。当我们拥有水的时候，总觉得水取之不尽，用之不竭。

海水固然很多，约占我们地球总水量的98%以上，而我们可直接饮用的淡水就少得多了，淡水总量还不到2%。除了在南极或在高山、冰川等一些地方存在着部分我们不方便饮用的冰雪外，所剩的可饮用的水就更少了。因此，世界上许多地方出现了水荒，有些国家和地区甚至出现了严重的缺水。

据报道，在塞浦路斯，饮用水已经只能依靠拖轮定期从土耳其大陆运送巨型饮用水罐来接济；在欧洲，在法国南部、希腊、西班牙和意大利，夏季森林火灾已司空见惯；两年前的西班牙南部居民就曾经历过，几年无雨，土地没有一点嫩绿，庄稼干死，果树枯黄，600万居民的饮用水定量分配的惨痛。

许多原因会发生水资源短缺，地理的位置、人口增长、浪费、污染等是重要的原因。

例如：我们在世界地图上可看到，北美和欧亚大陆北部，是水资源丰富的地区，而南美、非洲、中东、亚洲中南部、澳洲，都是水资源缺乏地区。

我国就是一个水资源不足的国家，我国有300多个城市存在着不同程度的缺水问题，其中有50个城市严重缺水。中国人均占有水资源量只是全世界人均量的20%。中国80%的河流水质遭到破坏变成了污染水。

地理位置是客观因素无法改变，而人口增长、污染、浪费都是人为因素，是可改变的因素。因此，处于缺水地区的人们更应该珍惜水资源，珍惜我们生存的必要条件。

联合国一份报告说，50年后水将比金子还贵，比石油更具有战略意义。

目前，全世界有10亿人得不到可用来消费的水，有20亿人生活在不卫生的状况中；世界上一半人口是穷人，其中约1／3穷困人口生活在面临

着因缺钱而无法充分开采水资源的"经济性缺水"局面的国家；约10亿人因为太穷而用不上安全的洁净水，30亿人口缺乏污水处理设备。

因为缺水，地下水成为人类的主要水源。现在每块大陆上的主要蓄水层都被抽取，地下水成为全球15亿人饮用水的主要来源。在美国，95%以上的农村人口饮用的是地下水；整个亚洲饮用水的将近1/3是靠地下水提供的；曾经几乎完全依靠河水和溪流的孟加拉国目前有几乎90%的人口只能饮用地下水，在20世纪70年代挖掘了超过100万口水井，以代替被严重污染的地表水供应。

我国北方的西北、东北、华北是严重缺水地区，因而那里经常发生干旱现象，严重威胁农业生产，甚至有许多农村存在着饮用水困难的现象。

在世界的许多地方，工业废水、生活废水、农业杀虫剂，对我们赖以生存的江河、水库造成巨大的污染。这种现象在人口众多的地区更为明显，造成严重的水资源短缺。

现在地球上的水并不比2 000年前多，而在2 000年前，地球上的人口只有今天的3%，而当今人口是2 000年前的33倍。人口的快速增长使人类对水的需求急剧增加，就会使人均水的拥有量急剧降低。

例如：在印度，由于人口的快速膨胀，可利用的河水和地下水，在1955年为人均5 277立方米，而在1999年已降至1 250立方米。

另一方面，在人口剧增的形势下，人类也在不自觉地肆意践踏着生态环境，污染着水源，使人类可利用的水资源越来越少。世界水资源委员会发表的报告指出，全世界有一半以上的河流已被污染，目前世界上只有两条河流可以被归入健康河流之列，这两条河流是位于南美洲的亚马逊河和非洲撒哈拉南部的刚果河。

合理使用水资源还必须加强技术开发，改进人类用水的方式，提高水的利用率。技术开发对合理用水具有至关重要的意义。

生产一公斤纸张就需要用水200公升，但先进的系统能使这一数字降至40公升。在灌溉时60%的水是通过喷灌设备蒸发掉了，但地下滴灌的做法却可以使水的利用率提高到95％以上。

人类急需改进的用水技术很多。例如，在农业灌溉方面，可以通过改进灌溉技术、强制缩减用于灌溉的水量等措施来减少灌溉方面的浪费。再例如，如果人类在海水淡化技术上取得突破，可供人类利用的水源将大大增加。现在，虽然海水淡化的潜力十分巨大，但因为成本高，许多国家只好"望海兴叹"。

在我们日常生活中，也应养成良好的节约用水习惯。

据研究人员测定，一滴水重约50毫克，如果没有拧紧水龙头，水龙头就会不停地滴水，一个水龙头不停地滴水，在一个月内就可以流失掉1–6立方的水；如果，马桶漏水，一个月可漏掉3—25立方的水，一个有60万人的中等城市，60万个水龙头和20个马桶漏水，一年就损失掉上亿立方的水。当然，事实上并不会有那么多不注意节水的市民存在。不过，只要有百分之一的人不注意节约用水，每年就会浪费掉百万吨的水资源，这个数目令人惊叹，也让人心痛。所以，节约用水要从我做起，从现在做起，从节约每一滴水做起。只有这样，我们才能避免看到世界上的最后一滴水，是人类眼泪的凄惨结局。

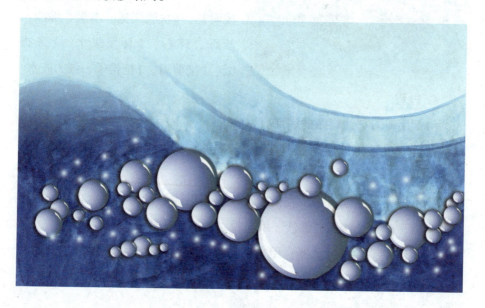

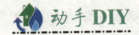

动手DIY

净化水的实验

生命之水充斥着我们地球的各个角落，由于现代工农业生产的发展、人口的快速增长，有许多自然界的水域都遭到不同程度的污染。因而，自然界的水大都不能直接饮用。

为了保证饮用水的安全、为了减少自然水域的污染，掌握净化水的技术就显得尤为重要。下面就让我们做一个简单的净化水的实验，了解一下其中的原理。

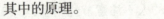

◎ **准备**

1只大饮料瓶、1段吸管、1个玻璃杯、1块脱脂棉、木炭、细沙、沙砾、碎石、1杯泥浆水、1张滤纸、1把剪刀、1把锥子、强力胶水

◎ **过程**

（1）用剪刀把饮料瓶的底部剪掉。

（2）用锥子将饮料瓶盖扎一个孔，并剪一段3厘米长的饮料管插入孔中。

（3）把饮料瓶倒过来，在依次往饮料瓶里铺上过滤材料。它们的顺序是脱脂棉、碎石、沙砾、细沙、木炭粉、最上面是滤纸。

（4）用左手拿着过滤器，用右手拿起盛装泥浆水的杯子对准过滤器的口，把泥浆水倒入过滤器中。

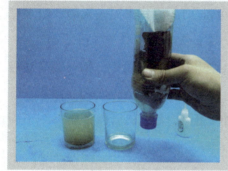

◎ **柯博士告诉你**

大自然中的水是地球生灵维持生命的重要物质，现在自然界的水大多都不能直接饮用，必须经过自来水厂的净化处理才能达到人们饮用的标准。这个实验就是演示了水质的净化过程。水经过了层层过滤去除杂质，再经过消毒杀灭危害人体健康的微生物，就可以送到千家万户了。

河水检测

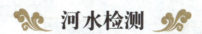

◎ **准备**

玻璃试管、PH试纸、硝酸银试剂、高锰酸钾溶液

◎ 过程

（1）检查河水的气味。取河水样品350毫升，用鼻子嗅样水是否有异味。

（2）检查河水透明度。取河水样品350毫升放置24小时，检查水样，是否有沉淀物。

（3）观察水的颜色。取水样10毫升，放入干净的试管中，观察水的颜色。

（4）检查河水的酸碱度。取样水少量，用PH试纸浸入水中，测水样的PH值。

（5）检查水中的氧化物。取样水1毫升，放入试管中，加一滴高锰酸钾溶液，观察水有没有变化。

（6）检查河水中的漂浮物。取样水1毫升，放入试管内，加入5—6滴硝酸银试剂，观察水样变化。

植物生长需要水分的实验

　　植物生长需要水分。不同的植物对水分的需要也是不一样的，有的植物耐干旱，有的植物喜潮湿。做一个实验，看一看植物生长需要水分的现象。

◎ 准备

　　两支一样大小的试管、或两个透明的一样大小的玻璃瓶、塑料瓶、水、两株同一种有叶植物、食用油、橡皮泥或黄泥、笔

◎ 过程

　　（1）将两支试管灌装上同样多的水，在试管外壁上标明水面高度。

　　（2）将一株多叶、一株少叶的植株分别放入两个试管中。

　　（3）向每一个试管内倒入少量的食用油后，用橡皮泥或黄泥塞住试管口，防止水分蒸发。

（4）每天观察一次，并作好记录。

◎ 柯博士告诉你

几天后，试管里的水分渐少，相对你做的记号线有所下降。而试管中的水面有一层油，并且又用橡皮泥封口，这两道防线，就隔绝了水分与空气，试管中的水不会直接蒸发，而只能被植物吸收。所以试管中的水分减少，是因为植物吸收的缘故。

另一方面，比较这两个试管中的水位，你就会发现这两个试管中的水位下降的程度不一样，叶子多的那棵植株因需要水分多一些，所以，水位下降就多一些。

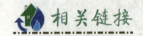 相关链接

🌀 水的污染与处理 🌀

水污染的途径主要有工厂排放的污水、使用农药化肥、生活产生的污水、生活及工业产生的垃圾污染等。

在20世纪末，每天就要有2 900万立方米的废水排入长江。

据联合国统计：世界上有70%的人喝不到安全卫生的水，每天约有2.5万人因饮用不卫生的水而致病或身亡。

工业废水、生活污水，不能直接排放到江河里，如果有污水流入江河，就会严重污染江河里的水。

因此，污水都要经过污水处理站的处理，才能排放到江河中。

污水处理系统是现代环境保护的重要设施，工业和生活排出的污水由管道输送到污水处理厂，污水在这里经过沉淀、生化处理后，把有毒物质提取出来，使污水变成对环境无污染的标准后再排入江河。

观察与调查

❧ 气候对人类的影响 ❧

世界真奇妙。在茫茫宇宙中，只有我们这个星球有鲜活的生命，尽管我们略感有些孤单，并且在几十年中投入不少的精力在宇宙中寻找生命，企盼找到我们的外星朋友，可至今仍然没有一点有价值的发现。

我们现在可以肯定地说，由于地球在太阳系中的位置及其自然环境特点，形成了地球独有的适宜生命生存的气候，因而，地球气候影响着地球的生态环境，也必然影响着人类。

影响地球气候的主要因素

地区的地理纬度位置、大气环流、海陆分布、洋流和地形是影响气候的主要因素。前二者是全球性的地带性因素，后三者是非地带性因素。

由于地球是个不规则的球体，所以在同一时间内，太阳照射的角度就不一样，有的地方直射，有的地方斜射，有的地方整天或几个月受不到阳光的照射。

各地方的太阳高度角不同，接受太阳光热的多少就不一样，接受太阳光热不一样，就会使气温出现差异。一般是地理纬度越低，气温越高；地理纬度越高，气温越低。各地区所处的纬度位置不同，是造成世界各地气温不同的主要原因。气象学家把全球按纬度分出热带、南温带、北温带、南寒带、北寒带等五个气候带，科学家们称这种划法为天文气候带或地理气候带。

热带是位于南北回归线之间的地带，有太阳直射现象，那里终年炎热

多雨。

极圈以内为寒带，南北极地区分别称作为南寒带和北寒带。

寒带地区气候终年寒冷，有极昼和极夜现象，南北极圈以内的地区，每年会出现一段连续的时间内太阳不升（极夜）或不落（极昼）的现象。

回归线与极圈之间为温带，温带有南温带与北温带之分。温带地区既没有阳光直射也没有极昼极夜现象，气候的四季变化现象明显。

大气环流是形成各种气候类型和天气变化的另一主要因素。大气圈内空气作不同规模的运行，统称为大气环流。它是大气中热量、水汽等输送和交换的重要方式。

大气环流的表现形式有行星风系、季风环流、海陆风、山谷风等，人们平常讲的大气环流，主要是指行星风系。

大气环流对气候的影响十分显著，赤道低气压带上升气流强烈，水汽易于凝结，降水丰富；副热带高气压带下沉气流盛行，水汽不易凝结，雨水稀少；在信风带气流从纬度较高的地区流向低纬度地区，水汽不易凝结，一般少雨。但在大陆东岸，信风从海上吹来，降水机会较多；在大陆西岸，信风从内陆吹来，降水就少。

在西风带控制的地区，大陆西岸风从海上吹来，水汽充沛，降水丰富，越向内陆水汽越少，降水减少；大陆东岸，西风从内陆吹来，降水较少。一般说来，上升气流和从低纬度流向高纬度的气流，气温由高变低，水汽容易凝结，降水机会较多；下沉气流和从高纬度流向低纬度的气流，气温由低变高，水汽不易凝结，降水机会就少。因此，在不同气压带和风带控制下，气候特征，尤其是降水的变化有显著的差异。加之风带和气压带随季节的移动，从而形成各种不同的气候类型。

　　海陆分布改变了气温和降水的地带性分布。由于海洋和陆地的物理性质不同，在强烈的阳光照射下，海洋增温慢，陆地增温快；阳光减弱以后，海洋降温慢而陆地降温快。

　　海洋与陆地表面空气中所含水汽的多少也不同，一般说来，在海洋或近海的地区，气温的日变化和年变化较小，降水比较丰富，降水的季节分配也比较均匀，多形成海洋性气候。因此，在相同的纬度，处于同一气压带或风带控制之下的地区，由于所处的海陆位置不同，形成的气候特征也不同。

　　地形是一个非地带性因素，不同的地形对气候有不同的影响。在同一纬度地带，地势越高，气温越低，降水在一定高度的范围内，是随高度的升高而增加。因此，在热带地区的高山，从山麓到山顶，先后出现从赤道到极地的气候变化。另外，高大的山脉可以阻挡气流的运行，山脉的迎风坡和背风坡的气温与降水有明显的差异。

　　洋流对其流经的大陆沿岸的气候也有一定的影响。从低纬度流向高纬度的洋流，因含有大量的热能，对流经的沿海地区，起有增温增湿的作用；从高纬度流向低纬度的洋流，水温低于周围海面，对所流经的沿海地区有降温减湿作用。因而在气温上，洋流可以调节高、低纬度间的温差，在盛行气流的作用下，使同纬度大陆东西岸气温显著不同，破坏了气温纬度地带性的分布。

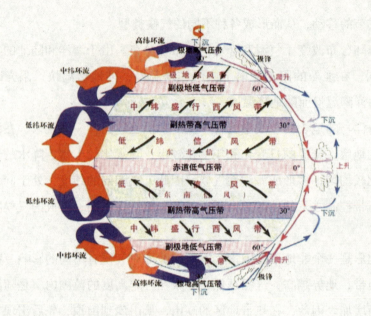

气象影响人的健康

人们生活在大气层的底部，大气中的四季变化、风霜雨雪等天气现象都会对人体产生各种影响，以致引起疾病。

其中有些气候条件是直接或间接致病的，例如中暑、冻伤、感冒以及慢性支气管炎、关节病、心脑血管病等。人们把这些与气象变化有关的疾病称为气象病，这类疾病的发作或症状加重都与天气突变有关。

天气突变主要表现在气温、湿度、气压、风力等气象要素的剧烈变化。

在我国晚秋至冬季时节，由于北方强冷空气和寒潮不断南侵，锋面活动十分频繁，这样就很容易导致高血压、冠心病、克山病等心血管疾病发作。因为锋面活动能使人和动物神经系统功能紊乱，从而引起血管运动反应改变，增加毛细血管以及周围小动脉的阻力，还能促使肾上腺素分泌增多，血中蛋白增加，血液粘性增高，加重心肌负担，促使心脏病发作。据研究，动脉硬化性心脏病死亡率在冬季的十二月至元月达最高峰，特别是在锋面通过当地的前一天到当天这段时间里，死亡数最高。

肺结核病人的咯血，也是在冬季冷锋过境时增加，以锋面通过的当天达最高峰，其死亡率则在锋面通过前15—20小时和通过后7小时内为最多。

医疗气象学的研究，发现有77%的心肌梗塞患者，54%的冠心病患者对天气变化的感受性很高。

在高压形势控制下，急性心肌梗塞发病率最高，特别是在冬季强大的高气压前缘常常伴有冷锋，带来寒潮天气。由于寒冷的刺激，使人体血管收缩，周围阻力增加，动脉平均压升高，引起心肌缺氧严重，所以心肌梗塞发病特别多。此外，还有关节炎、风湿痛、感冒、支气管炎等，其发病率都与天气的变化有密切的关系。

为了适应广大居民对防病治病、健康长寿、提高生活质量的需要，气象部门开展了人体舒适度、中暑指数、心脑血管病、胃肠道传染病，以及紫外线强度、花粉浓度等医学气象预报。天气预报中诸如穿衣指数、登山指数等内容，对人们合理利用气候资源，防病健身起到了指导作用。

当然恰当利用气候条件也能防病治病，如利用气候条件作为锻炼身体的手段，登山、冬泳、滑冰、滑雪等，以增强体质。

气候疗养，如沙疗、日光浴、空气浴、冷水浴等防病治病的方式已被越来越多的人接受。

人类也是喜光动物，我们经常晒太阳或我们的居室内有较好的日照，不仅可以杀灭病菌，减少疾病，还可以帮助对钙等微量元素的吸收，提高体质。所以，在进行城镇规划和建筑设计时，就要充分考虑如何利用光照资源的问题。

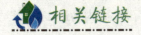 相关链接

决定地球气温的因素

地球上之所以有生命的产生和存在，是因为地球上有水，有大气，有组成生命物质必要的碳、氢、氧、氮等元素，有适宜的地表气温。这些因素彼此关联，互相影响，持续长久地存在，使生命有一个相对稳定的发生、发展、进化的过程。

在这一过程中，适中的地表气温起到了决定性的作用，决定地表气温的因素是由于地球在太阳系中具有优越的位置、地球的自身运动规律及地球的自然状况等特点的原因。

例如：太阳系中的八大行星位置排列，太阳和地球的距离不远不近，地球的位置非常适当。

如果地球距离太阳过远，比如象冥王星那样远，接受到的太阳照射极少，生命如果得不到足够的能量就无法生存；如果地球距离太阳过近，比如象金星那样近，地球接受到的太阳照射极多，昼夜的温度都在465℃—485℃度以上，生命也难以生存。

地球这样的位置为创造生命必需的适宜温度提供了前提。

不仅如此，地球外部还有大气层保护，大气层就像一床厚厚的棉被，大气层在白天会阻挡、反射、减弱太阳的光照，夜间又会阻挡因白天照射到地球表面的太阳光产生的热能不会散发到太空中去，因此地球上的温度才不会像其他行星昼夜气温发生剧烈的变化。

地球的自身运动规律也有利于地球气温的稳定性。

地球绕太阳公转轨道的偏心率较小，最小时为0，最大时为0.067，变

更周期为 102 000 年，因地球绕太阳公转轨道的偏心率较小，太阳与地球距离变化不大，所以当地球处在近日点时地球表面温度不会太高，处在远日点时温度不会太低。水星公转轨

道的偏心率为0.206；火星公转轨道的偏心率为0.094，因偏心率大，距太阳远近距离变化大，所以其表面温度变化大。

地球自转速度较快，昼夜交替周期为24小时，昼夜平均各为12小时。这样因白天时间短，日照时间短，而不至于使地表温度升得过高；因夜晚时间短，地表散热时间短，而不至于使地表温度降得过低。水星的自转速度很慢，在水星上看来，一个"水星日"大约相当地球上的176天。这样因白天时间长，太阳照射时间长，白天温度可达427℃；同样，因夜晚时间长，散热时间长，夜晚最低温度可达-173℃。

另外，地球的自身特点也和太阳系中的其他行星不同，地球表面被71%以上的水覆盖，海洋面积辽阔，平均深度为3 800米。水的比热大，热容量大，1立方千米的海水温度降低1℃放出的热量，可使逾3 000立方厘米的空气温度升高1℃。如果全球100米厚的表层海水降温1℃，它放出的热量就可以使全球大气增温60℃。

夏天，太阳辐射强，但因海水是透明的液体，太阳辐射可以传至较深的地方；再者通过潮汐和波浪也可把浅层吸收的能量传递到深层。

因海水的比热大、热容量大，夏天吸收的太阳辐射能量大量地储存在海水中，而不是完全地辐射传递给大气，所以造成夏天气温不是太高。

冬天时，太阳辐射较弱，海水得到的能量较少，但海水夏天储存的太

阳辐射能量在冬天辐射出来，使冬天的气温不致过低。海洋像一个巨大的空调机，调节着地球表面的温度。

地球上的水可以进行气态、液态、固态三态的转换，可以在海陆间、海上、内陆进行循环，伴随着水循环和水的三态的转化，使能量产生转换和转移。当一种或多种原因使气温升高时，固态的水就会转变成液态的，液态的水也会转变成气态的水，这种转化过程中就会吸收大量的能量，使气温升得不至过高；当一种或多种原因使气温降低时，气态的、液态的水就会转变成固态的水，汽态的水也会转变成液态的水，这就会释放出大量的能量，使气温降得不至过低。伴随地球上水的三态转变和水循环的实现造成能量的转移和转换，使不同的时间、不同地域的能量得以交换。

世界大洋面积广大，彼此相通，在大气环流及其他因素作用下海水运动形成洋流。大气环流和洋流共同作用使高低纬之间的能量得以输送和平衡。

各种因素的共同作用，使地球表面温度大致均衡。现在地球表面的平均温度为15℃，陆地表面平均温度为22℃，适合各类生命物质的生存和发展，这样一个地球难道不是一个生命的天堂吗？

动手DIY

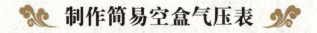 制作简易空盒气压表

空气是看不见摸不着的，但它是有重量的，有压力的，我们也可以测得空气的压力，空气压力是影响气象的一个重要因素，做一个简易的空盒气压表自己测一测吧。

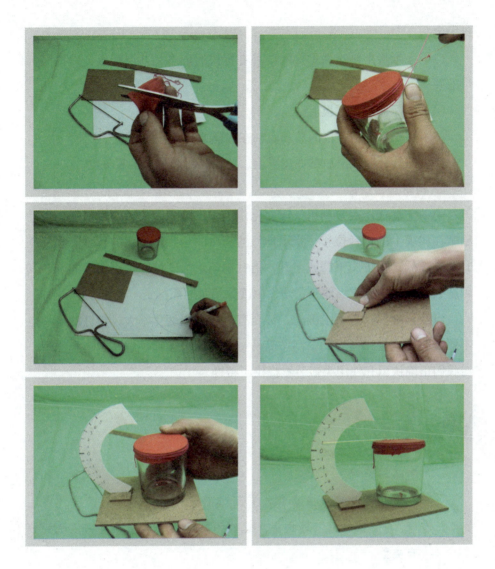

◎ **准备**

废旧玻璃杯、气球、木板、竹针、层板条、纸板、橡筋、胶粘剂、棉线、尺、锥子、剪刀

◎ **过程**

（1）剪下气球的一角，作为气压表的蒙皮。

（2）把蒙皮蒙在玻璃瓶口，用棉线缠紧后在边沿处涂抹胶粘剂，以密封固定。

（3）在纸板上画出弧形标尺。并在标尺后面多粘几层纸板，以提高标尺的硬度。

（4）把标尺粘在木板上。

（5）用胶粘剂把蒙皮的玻璃瓶粘在底座上。

（6）把竹针磨光滑后粘在皮膜上，使指针对准标尺的零刻度。

◎ 柯博士告诉你

简易空盒气压表是利用气压变化作用于皮膜，使皮膜发生形变，牵动粘贴在皮膜上的指针位移，指示标尺的简单演示气压变化的装置。当气压升高或降低，橡皮膜下凹或上升，指针摆动。为了使标尺更接近准确，其刻度数应该与学校或当地气象站气压读数相对照而标定。

当然这种显示是不准确的，甚至有时因气压变化不大，指针的显示也不那么明显。不过通过动手制作简易空盒气压表能够了解其构造和原理，对我们正确认识和使用类似装置提供了帮助。

 小贴士

气压与天气

在天气预报中常常能听到"高气压"、"低气压"、"高压脊"、"低压槽"等词汇。这些词都是指大气压在某一区域的分布类型。

地球表面上的风、云、雨、雪等风云变幻、万千气象，都和大气运动有关系，而造成大气运动的动力就是大气压分布的不平衡和气压分布的经常变化。因此，大气压与天气有着极为密切的关系。

由于地球表面高低不平，又因地域纬度的差异，因此各地在太阳照射下受热情况也就不同，各地的空气温度就有较大差别。温度高的地方，空气膨胀上升，空气变得稀薄，气压就低；温度

低的地方，空气收缩下沉、密度增大，气压就高。

另外，大气流动也是造成气压不平衡和经常变化的重要因素。这样在地理情况千差万别的地球表面上空，就形成各种各样的气压分布类型，多种气压类型的组合就构成了一定的天气形势，而决定着未来的气象变化。

一定的气压类型往往导致一定天气现象的出现。例如，在高气压控制的区域，由于低处的空气不断从高压中心向外流散，上层空气就要下沉填补。空气在下沉过程中体积压缩，温度升高，原来空气中的细小水珠就会蒸发消散，不利于云雨的形成。因此高压中心附近地区常常是天气晴朗。而在低气压控制的区域，低层空气是从周围流向低压中心，使低层空气堆积上升。空气在上升过程中体积膨胀，温度降低，空气中的水蒸汽凝结，易形成云雨。所以低气压中心附近往往是阴雨连绵。

气象观测中的气压

气压即大气压强。空气是有重量的，气压是指大气施加于单位面积上的力。所谓某地的气压，就是指该地单位面积垂直向上延伸到大气层顶的空气柱的总重量。

著名的马德堡半球实验证明空气不仅有压力，而且这个压力还很大。一个成年人的身体表面积平均为2平方米，他全身所受的大气压力为20万牛顿。

气压的大小与海拔高度、大气温度、大气密度等有关，一般随高度升高按指数律递减。气压有日变化和年变化，一年之中，冬季比夏季气压高。一天中，气压有一个最高值、一个最低值，分别出现在9—10时和15—16时，还有一个次高值和一个次低值，分别出现在21—22时和3—4时。气压日变化幅度较小，一般为0.1—0.4千帕，并随纬度增高而减小。

气压变化与风、天气的好坏等关系密切，因而气压是重要气象因子。

气象观测中常用的测量气压的仪器有水银气压表、空盒气压表、气压计等。

气象上常用百帕做为气压的度量单位。具体是这样规定的：把温度为0℃、纬度为45°的海平面作为标准情况时的气压，称为1个大气压，其值为760毫米水银柱高，或相当于1 013.25百帕。标准大气压最先由意大利科学家托里拆利测出。

气压的发现历程

1640年10月的一天，万里无云，在离佛罗伦萨集市广场不远的一口井旁，意大利著名科学家伽利略在进行抽水泵实验。他把软管的一端放到井水中，然后把软管挂在离井壁三米高的木头横梁上，另一端则连接到手动的抽水泵上。抽水泵由伽利略的两个助手拿着，一个是志向远大的科学家托里拆利，另一个是意大利物理学家巴利安尼。

托里拆利和巴利安尼摇动抽水泵的木质把手，软管内的空气慢慢被抽出，水在软管内慢慢上升。抽水泵把软管吸得像扁平的饮料吸管，这时无论他们怎样用力摇动把手，水离井中水面的高度都不会超过9.7米。每次实验都是这样。

伽利略提出：水柱的重量以某种方式使水回到那个高度。

1643年，托里拆利又开始研究抽水机的奥妙。根据伽利略的理论，重的液体也能达到同样的临界重量，高度要低得多。水银的密度是水的13.5倍，因此，水银柱的高度不会超过水柱高度的1 / 13.5，即大约30英寸。

托里拆利把6英尺长的玻璃管装上水银，用软木塞塞住开口段。他把玻璃管颠倒过来，把带有木塞的一端放进装有水银的盆子中。正如他所预料的一样，拔掉木塞后，水银从玻璃管流进盆子中，但并不是全部水银都流进盆子中。

托里拆利测量了玻璃管中水银柱的高度，与他设想的一样，水银柱的高度是30英寸。然而，他仍在怀疑这一奥秘的原因与水银柱上面的真空有关。

第二天，风雨交加，雨点敲打着窗子，为了研究水银上面的真空，托里拆利一遍遍地做实验。可是，这一天水银柱只上升到29英寸的高度。

托里拆利困惑不解，他希望水银柱上升到昨天实验时的高度。两个实验有什么不同之处呢？他陷入沉思之中。

一个革命性的新想法在托里拆利的脑海中闪现。两次实验是在不同的天气状况下进行的，空气也是有重量的。抽水泵奥秘的真相不在于液体重量和它上面的真空，而在于周围大气的重量。

托里拆利意识到：大气中空气的重量对盆子中的水银施加压力，这种力量把水银压进了玻璃管中。玻璃管中水银的重量与大气向盆子中水银施加的重量应该是完全相等的。

大气重量改变时，它向盆子中施加的压力就会增大或减少，这样就会导致玻璃管中水银柱升高或下降。天气变化必然引起大气重量的变化。

托里拆利发现了大气压力，找到了测量和研究大气压力的方法。

大气具有重量，并且向我们施加压力，这是一件非常简单并且似乎显而易见的现象。然而，人们却感觉不到。气压已经成为你生活中的一部分，所以你意识不到它。早期的科学家也是这样，他们从来都没有考虑到空气和大气层有重量。

托里拆利的发现是正式研究天气和大气的开端，让我们开始了解大气，为牛顿和其他科学家研究重力奠定了基础。这一新发现同时使托里拆利创立了真空的概念，发明了气象研究的基本仪器——气压计。

简易风力计

风力的大小是计量风的一个很重要的数据，而风的大小是以风速来确定的，测量风力的仪器就是风力计。让我们制做一个简易风力计，了解一下风力计的原理。

◎ 准备

废旧的乒乓球2个、吸管1个、自行车辐条、铁丝、木板、橡筋、钉子、钳子、剪刀、笔

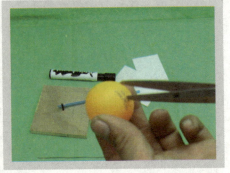

◎ 过程

（1）用钉子在木板上钉一个小孔。

（2）把2个乒乓球分别沿注塑模具线剪开，剪出4个半球。并在开口处的边缘钻一个3毫米小孔。这就是半球风翼。

（3）用铁丝弯出3个风翼支架，其每个支架的一端都要弯出一个直径3毫米的圆圈，并将风翼支架穿过风杯。

（4）把风杯支架的一端粘合在塑料吸管上。注意每个支架间的角度是120°，并使这3个支架垂直于吸管，且都在一个平面上。

（5）把自行车辐条插在木板的小孔里，把吸管套在自行车辐条上。

（6）在纸板上画出风向标。

（7）剪下这个风向标，并粘在吸管的顶端。

（8）用铁丝缠在吸管的底部，并用胶粘合固定，缠绕上橡筋并贴上风力标尺板。

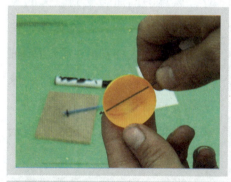
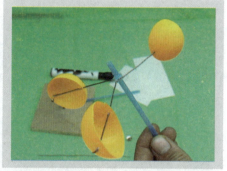
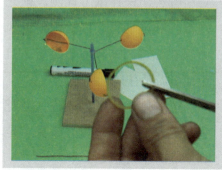

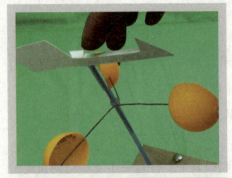

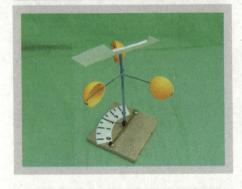

（9）简易风力计做好了，为了提高它的准确性，你可以在实验中调整橡筋的松紧。

◎ 柯博士告诉你

这个简易风力计是在平地上测风力的小制作，它的原理是：无风时风翼不会转动，在有风时，风翼的凹面会受到较大的风压，吹动风翼旋转，风翼旋转使转轴产生较大的扭转力，当转轴的扭转力超过橡筋的拉力时，橡筋就会拉动指针，使指针移动，从而指针会在风力标尺板上指示风级。

当然，这种风力计测风缺乏规范性和准确性，因为测地面风力须在无遮挡的环境里进行，且距地面需要有一定的高度。

想一想，你可以改进，并把它放到适当的环境里，举到一定高度准确地测量风力。

小贴士

风力

风力的大小是根据风速来确定的，风速越快风力越大，对地面物体的影响程度也越大，风力的大小用风级表示。

风的级别在气象上一般划分为十二个等级（对部分台风则分为17个等级）。在天气预报中，常听到如"北风4到5级"之类的用语，此时所指的风力是平均风力。如听到"阵风7级"之类的用语，其阵风是指风速忽大忽小的风，此时的风力是指最大时的风力。

风杯风速计

测量空气流速的仪器种类较多，气象站最常用的为风杯风速计，它由3个互成120°固定在支架上的抛物锥空杯组成感应部分，空杯的凹面都顺向一个方向。整个感应部分安装在一根垂直旋转轴上，在风力的作用下，风杯绕轴以正比于风速的转速旋转。另一种旋转式风速计为旋桨式风速计，由一个三叶或四叶螺旋桨组成感应部分，将其安装在一个风向标的前端，使它随时对准风的来向，桨叶绕水平轴以正比于风速的转速旋转。

常用的风速计类型还有：利用被加热物体的散

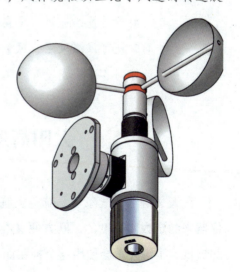

热率与风速相关原理制成的热线风速计；利用声波传布速度受风速影响因而增加和降低的原理制成的超声波风速表等。

风速计的应用

一提起风速计，就会想到气象站里的仪器，因为风速计大都被应用在观察、研究气象变化的过程中，但风速计的用途远不止如此。其实风速计的应用很广泛，在许多领域几乎都有它们的应用。

比如，采暖通风、空气调节、气象、环保、体育、电力、钢铁、石化、节能、科研、公共场所及劳动卫生等方面都需风速计监测风速、流量、风温等寻找合适的、相应的气流变化条件。在帆船比赛、划艇比赛、野外射击比赛、航空模型运动等体育竞赛中，风速是决定比赛的很重要因素，因此需要用到风速计来测量风速以决定比赛的策略。

各种飞行器的性能和风速有着极为密切的关系。因此，在新型的飞行器研制过程中，也需要进行飞行器空气动力性能的测试，其中风速的测量是必须用风速计的。

由于科技的进步，现在的风速计都比较先进，除了测量风速外同时还可以测风温、风量。因此，它的应用范围也就更加有条件延伸到各个领域。

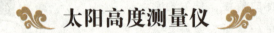

太阳高度测量仪

在天文科学、气象学、航空、航海等方面，科学工作者都是用专用的仪器来测定太阳高度的，既方便又准确。让我们来制作一种简易太阳高度测量仪，了解并学会使用这个神秘而又简单的小仪器。

◎ **准备**

纸板、螺钉、木棍或木条、木板或大盒盖、笔、圆规、直尺、剪刀、强力胶、美工刀

◎ **过程**

（1）在纸板上画出一个圆形刻度盘和一个条形的观察测量架。

（2）用剪刀把画好的圆形刻度盘和测量架剪下来，并画出刻度。

（3）用美工刀刻好观察测量架上的通光方孔和指示针。

（4）把观察测量架放在圆盘上，使观察测量架和刻度圆盘的中心相对，并在圆心处钻一个小孔。

（5）用螺钉在前面把观察测量器和刻度圆盘穿起来。

（6）最后，在木板制做的底板上钻一个孔，把木棍插进孔中，用胶粘合，把太阳高度角测量仪上的螺钉固定在木棍上。

（7）简易的太阳高度测量仪就做好了。

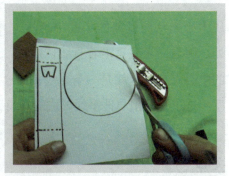

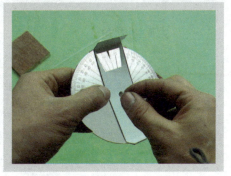

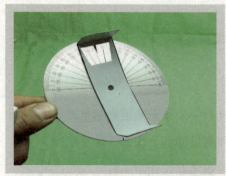

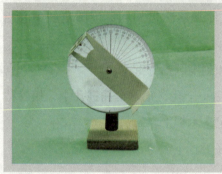

◎ 柯博士告诉你

这是一个简单的太阳高度测量仪，它可以在不校正水平，忽略水平位置的情况下，测量太阳的高度角。

测量的方法是把仪器放在阳光下，对准太阳方向，转动测量架，使太阳光从测量架的小孔中透过，并射到测量架的另一端挡光板的中间处。因为，光线是沿着直线传播的，那么阳光从小孔中透过，落到另一端的中心点上，这就是一条直线，而这条直线和刻度盘上的底边形成一个角度，这正是太阳与地平线形成的夹角，也就是太阳高度角。

 小贴士

太阳高度角

对于地球上的某个地点，太阳高度角是指太阳光的入射方向和地平面之间的夹角，专业上讲太阳高度角是指某地太阳光线与该地作垂直于地心的地表切线的夹角。太阳高度角是决定地球表面获得太阳热能数量的最重要的因素。

我们经常说，"太阳都一竿子高了"，其实这句话并不具有

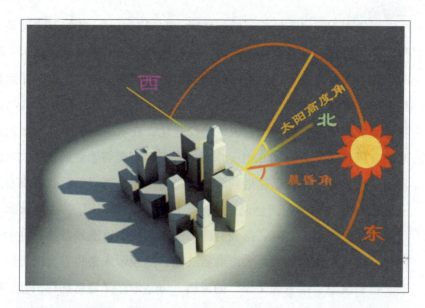

确切的科学意义。这只是一种用地平线作参照物，用以描述在地球上看到太阳出没的自然现象。实际上，太阳是恒星，它在宇宙的位置是恒定的，而在地球上看到的这种现象是地球的公转与自转形成的。

地球的这种公转与自转，在不断地、往复地改变着太阳光照在地球上的角度，也改变着地球所接受到的太阳能量。因此，太阳的高度角是决定地球表面获得太阳热量多少的重要因素。

 相关链接

❧ 动物——天气预报员 ❧

动物对天气的变化反应十分敏感。根据人们观察估计，全世界大约有600多种动物能够成为自然界的"天气预报员"。

　　当你在夜间清晰地听到蟋蟀高唱"唧唧"声时，就知道明天是个好天气，你大可放心准备上路出远门。蜻蜓在空中上下飞窜时，预示一两个小时后将有大雨出现。蚂蚁关闭蚁穴洞口，表明雷雨即将来临。泥鳅在雷雨到来前，常常显示得焦躁不安。红占鲢躺在水底不动，预示天气晴朗；把身体卷成"带子"时，预告天气将要变化；在水里翻腾时，预报风雨将要来临。风暴到来前的20小时，水母的感觉器官能够感觉到狂风吹打海面时发出的次声，于是便迅速潜到海底，以防不测。每当午后或傍晚看到燕子三五成群低飞时，人们会说："燕子低飞，天要下雨。"在夏秋季节，天气闷热，空气潮湿，麻雀感到身痒，便飞到浅水里洗澡散热，预示一两天内将有雨天出现；如果是大群麻雀洗澡，则预示未来将有大雨出现，因而有"群雀洗凉，雨下大又强"的谚语。母猪懒洋洋地将饲料扒开，拱得满地都是，预示着晴朗的天气即将变成阴天。夏末秋初，雏蝙蝠四处飞舞，第二天肯定是个大晴天。猫把鼻子埋在皮毛里，告诉人们北方寒流将至。

　　动物为何能"预知"天气呢？因为天气的变化影响着动物的行为和生存，动物必须适应天气的变化及时地采取措施，这样他们才能生存，否则他们就会遭到灭顶之灾。

　　比如蜜蜂、蜻蜓等一些昆虫的翅膀很薄，阴雨天时大气含水量增多，气压低，翅膀沾水会变软变重，所以蜜蜂不太愿意出巢，蜻蜓也不愿意飞得高。不过，究竟动物是怎样感知天气变化，怎样形成了这种预知天气变化的生存本能的？科学界仍在争议和探索。比如在印度洋海啸前，很多动

物事先"逃难",并且在灾难中死亡极少,让人不得不怀疑它们有"第六感觉"。但是,能否依据动物的举动来预警灾难,仍需要进行大量研究才可定论。

目前,虽然我们人类对许多自然现象有了认识,但大自然之大,谜团之多,还有许多自然神秘现象,我们并没有深刻认识,动物预报天气的这一现象也许就是其中一例。

 观察与调查

🌥 大地的绿色被子 🌥

草是我们常见的、数量最多的高等植物。正因为草的数量多,到处可见,不被人们重视,人们常常称之为小草、野草。因此,也常常受到人们或动物的伤害。

可是有人称草是大地的绿色被子,小草在地球环境中的作用并不小。

大地的绿色被子并不是只有小草,而是所有的在地球上生长的植物,他们包括树木、小草及人们刻意栽种的各种植物。

地球独有的生命颜色

地球的五个圈层是地球的一道风景,绿色的生物圈层,为地球的靓丽做了极有特色的标记。

生态系统中植物是最底层的基础,是地球生命食物的生产者。地球的生命离不开水,但这还不够,还必须要有充足的食物,这就需要有各种植物。因此,绿色也就成为地球生命的独有颜色。

据研究人员称,大约在20亿年前,最古老的植物、也是最低级的植物

诞生在海洋中，那就是蓝藻。蓝藻细胞内有叶绿素，能利用水、阳光、二氧化碳进行光合作用制造养料，并排出氧气。

蓝藻这种绿色植物为地球的新气圈形成做出了不小的贡献，经过了亿万年的历程，改变了地球气圈层的组成结构，我们的地球从此有了更多的氧气，并在地球的上空形成了一个臭氧层，好像为地球撑起了保护伞，同时又为生命提供了足够的氧气。因此，蓝藻在地球生命发展中做出了不小的贡献。

蓝藻在海洋的摇篮中诞生，经过了十几亿年，他们又在进化中做好了准备开始登上陆地，为地球涂上了富有生机的绿色。这时它们不再是海洋中的样子，随波浪飘荡，而是有了直立的茎，这就是比藻类更高一级的植物——苔藓、或是蕨类植物。其仍然遗传了光合作用，但他们不必在水中生活了。

在一亿多年前，由于全球气候的变化，这些植物为了生存，不断地进化，大地上出现了裸子植物。随后，种子植物也争先问世。地球在逐步地增添颜色，形成了五彩缤纷的生命世界。

目前人类发现的藻类植物大约有2.5万种左右。大部分的藻类体内都有叶绿素，能进行光合作用。有的藻类只有一个细胞，有的是多细胞组成，他们的形态多样，千变万化，颜色呈褐色、蓝色、绿色、红色、黄色等多种。有的藻类还长有鞭毛，它们可以在水中靠鞭毛游动。

藻类大都生活在水中，其中大海里最多，我们常吃的紫菜、海带都是藻类。淡水中也有藻类生存，有的藻类还会生长在岩石上，甚至有的藻类生长在哺乳动物体中的肠道内或身体上。例如，绿毛龟背上就生长着一种绿色藻类。

在潮湿的地方生长着苔藓，这种绿色植物平铺在其他物体上，但已经出现了叶和茎、比较复杂的苔藓品种还有起固定作用的假根。这些简单的植物也许是植物继续进化的先行者。他们的生长繁育会加速岩石的风化，能将岩石变成土壤，为植物的生长创造适宜的环境，他们又可以起到保持水土的作用，为植物的进一步进化创造了条件。

蕨类植物把绿色植物的进化又推向了一个新的阶段，蕨类植物更具适应陆地生活的特征，他们都由多细胞组成，而且他们具备了更多的构造，他们有叶、根、茎，其内有可输送养料和水分的组织，因此更适宜陆上生活。但是，蕨类植物不会开花，而且生殖过程仍然离不开水。

今天，蕨类植物是微不足道的一族，但在两亿年前却是它们繁盛的时代，在地球环境变化中，他们被埋入地下。正因为如此，它们在今天被人

们开掘出来时，已经变成给人们带来能量的煤炭。

我们经常见到的，地球上最多的植物那就是种子植物，种子植物是植物界进化到高级的种类，世界上目前已发现的约有25万多种，是现今地球表面绿色的主体。

种子植物中有裸子植物和被子植物两类。所有的种子植物都有两个基本特征：（1）体内有维管组织——韧皮部和木质部；（2）能产生种子并用种子繁殖。

裸子植物的种子没有果实包裹，这就是裸子植物，目前我们发现的裸子植物大约有800多种，银杏是最古老的裸子植物，还有赤松、红松、马尾松、云杉等。也有矮小的灌木、或是攀缘类的、爬生类的裸子植物。

裸子植物中的银杏还带有袍子植物向种子植物过度的特点，他在受精时精子可以游动。被子植物的种子是由果实包裹着，我们人类的植物性食物大都来自被子植物的果实。例如，我们吃得许多农作物都是被子植物的果实，水果就是其中之一，还有一些诸如黄瓜、辣椒、番茄、丝瓜等蔬菜也是被子植物的果实。

植被中最引人注目的是各种木本植物，在古代，我们这个地球的大陆

上到处都布满了森林，森林也是孕育人类的家园。

森林、草原、耕地、湿地、水域等处都生长着各种植物，这些植物不但不停地放出氧气，而且也为数不清的动物提供了食物，提供了他们生活的环境。

绿色植物在生物圈中的贡献的确很大，因此，地球彩色缤纷的生命世界才会由此开始。

森林植被的作用

覆盖在大地上的郁郁葱葱的森林，是自然界拥有的一笔巨大而又珍贵的"绿色财富"。

人类的祖先最初就是生活在森林里的，他们靠采集野果、捕捉鸟兽为食，用树叶、兽皮做衣，在树枝上架巢做屋。森林是人类的老家，人类是从这里起源和发展起来的。

直到今天，森林仍然为我们提供着生产和生活所必需的各种资料。估计世界上有3亿人以森林为家，靠森林谋生。

森林提供包括果子、种子、坚果、根茎、块茎、菌类等各种食物，泰国的某些林业地区，60%的粮食取自森林。森林灌木丛中的动物还给人们提供肉食和动物蛋白。

木材的用途很广，可以造房子、开矿山、修铁路、架桥梁、造纸、做家具等等，森林为数百万人提供了就业机会。其他的林产品也丰富多彩，松脂、烤胶、虫蜡、香料等等，都是轻工业的原料。

我国使用药用植物已有5 000年的历史，今天世界上大多数的药材仍旧依靠植物和森林取得。在发达国家，1 / 4药品中的活性配料来自药用植物。

森林就像大自然的"调度师"，它调节着自然界中空气和水的循环，影响着气候的变化，保护着土壤不受风雨的侵犯，减轻环境污染给人们带来的危害。

　　森林不愧是"地球之肺"，每一棵树都是一个氧气发生器和二氧化碳吸收器。一棵椴树一天能吸收16公斤二氧化碳，150公顷杨、柳、槐等阔叶林一天可产生100吨氧气。城市居民如果平均每人占有10平方米树木或25平方米草地，他们呼出的二氧化碳就有了去处，所需要的氧气也有了来源。

　　森林能涵养水源，在水的自然循环中发挥重要的作用。"青山常在，碧水长流"，树总是同水联系在一起。雨水一部分被树冠截留，大部分落到树下的枯枝败叶和疏松多孔的林地土壤里被蓄留起来，有的被林中植物根系吸收，有的通过蒸发返回大气。1公顷森林一年能蒸发8 000吨水，使林区空气湿润，降水增加，冬暖夏凉。

　　森林能防风固沙，防止水土流失。狂风吹来，它用树身树冠挡住风的去路，降低风速，树根又长又密，抓住土壤，不让大风吹走。大雨降落到森林里，渗入土壤深层和岩石缝隙，以地下水的形式缓缓流出，所以冲不走土壤。据非洲肯尼亚的记录，当年降雨量为500毫米时，农垦地的泥沙流失量是林区的100倍，放牧地的泥沙流失量是林区的3 000倍。制止沙漠化和水土流失最有效的帮手当属森林。

随着社会的发展，人们越来越认识到森林所具有吸收二氧化碳释放氧气、吸毒、除尘、杀菌、净化污水、降低噪音、防止风沙、调节气候以及对有毒物质的指示监测等作用。于是不少人开始到大自然中去感受森林带来的乐趣，领略森林对人体的各种益处。

据调查，绿色的环境能在一定程度上减少人体肾上腺素的分泌，降低人体交感神经的兴奋性。它不仅能使人平静、舒服，而且还使人体的皮肤温度降低1—2℃，脉搏每分钟减少4—8次，能增强听觉和思维活动的灵敏性。科学家们经过实验证明，绿色对光反射率达30%—40%时，对人的视网膜组织的刺激恰到好处，它可以吸收阳光中对人眼有害的紫外线，使眼疲劳迅速消失，精神爽朗。

经研究，森林中的植物，如杉、松、桉、杨、圆柏、橡树等能分泌出一种带有芳香味的单萜烯、倍半萜烯和双萜类气体"杀菌素"，能杀死空气中的白喉、伤寒、结核、痢疾、霍乱等病菌。据调查，在干燥无林处，每立方米空气中，含有400万个病菌，而在林荫道处只含60万个，在森林中则只有几十个了。

绿色植物的光合作用能吸收二氧化碳，释放氧气，还能吸收有害气体。据报道，0.4公顷林带，一年中可吸收并同化100 000千克的污染物。1公顷柳杉林，每年可吸收720千克的二氧化硫，因此森林中的空气清新洁净。

此外森林还有调节小气候的作用。据测定，在高温夏季，林地内的温度较非林地要低3—5℃。在严寒多风的冬季，森林能降低风速而使温度提高，从而起到冬暖夏凉的作用。此外森林中植物的叶面有蒸腾水分的作用，它可使周围空气湿度提高。

🌊 叶能蒸发水分的实验 🌊

叶子是植物的重要器官，它接受光照进行光合作用，为植物提供养料。同时，叶子又能进行呼吸，植物通过叶子的蒸腾作用，排出其体内的水分。所以，绿色植物多的地方，空气的湿度适宜，令人心旷神怡，植物的叶子蒸发水分可以通过实验看的更清楚。

◎ **准备**

油菜、凡士林、纸板、棉线、笔

◎ **过程**

（1）把纸板剪成硬币大小的标牌，并写上1、2、3、4号码。在一株油菜上剪取4片大小相同的叶片，把叶柄的切口分别涂上凡士林，再把1、2、3、4号码标牌分别拴在4片叶片上。

（2）首先把1号叶片上下表面都涂上凡士林。

（3）再把2号叶片的上表面涂上凡士林，把3号叶片的下表面涂上凡士林。剩下的4号叶片不要涂凡士林。

（4）最后用线栓住4片叶子的叶柄挂在通风的地方。过几天后观察叶子的状态。

◎ 柯博士告诉你

过几天后，1号叶片仍然是鲜绿的，就好像刚刚从油菜茎上剪下来一样。因为1号叶片都涂上了凡士林，所以叶片中的水分不能蒸发，都保留在叶片里。

2号叶片，只在叶片上表面涂了凡士林，所以叶片枯黄了。3号叶片，凡士林只涂在下表面，叶片鲜绿如新。2号和3号两片叶，因为涂的表面不同，所以出现了很大的差异，这说明叶片的上下两面蒸发水分不同。4号叶片没有涂凡士林，整个叶片已枯黄萎缩了。1号与4号叶片差异就更大了，叶片没有涂凡士林，就没有阻挡水分蒸发的屏障，因而水分几乎都蒸发了，所以叶片枯黄萎缩了。

小贴士

森林的蒸腾作用

广袤的森林有数不尽的树木和数不尽的树叶，这些树叶具有

蒸腾作用。森林的蒸腾作用，对自然界的水分循环和改善气候都有重要意义。据有关资料表明，1公顷森林每天要从地下吸收70—100吨水，这些水大部分通过茂密枝叶的蒸发而回到大气中。其蒸发量大于海水蒸发量的50％，大于土地蒸发量的20％。因此，林区上空的水蒸汽含量要比无林地上空多10％到20％。同时水变成水蒸汽要吸收一定的热量，所以大面积森林上空的空气湿润，气温较低，容易成云致雨，增加地域性的降水量。

叶脉标本的制作

叶脉就如同叶片的血管，通过腐蚀的方法除去叶肉保留叶脉，制成精美的叶脉标本，就能清晰的看到叶脉的走向，加深对植物的认识。同时，在搜集植物叶子的过程中，也是和大自然做了近距离的接触。

◎ 准备

各种形状的植物叶片、碳酸钠、氢氧化钠、双氧水、染料、烧杯、酒精灯或电炉、瓷盘、吸水纸、标本夹、牙刷、镊子

◎ 过程

（1）用清水洗刷一下叶片，洗去叶面上的泥土。

（2）取5克碳酸钠，7克氢氧化钠放入烧杯中，加入2升水混溶，制成溶液。把烧杯放到电炉上加热，快沸腾时把叶片浸入溶液内，边加热边用玻璃棒搅拌，使各叶分离，受热均匀，直至叶片变成褐色，或当叶的表面有凸泡出现的时候。

（3）停止加热后用镊子取出叶片，放入盛有清水的小塑料桶中漂洗干净。

（4）将叶片放在瓷盘中，加入一些水，用牙刷顺叶脉轻轻地向一个方向刷去叶肉。刷净背面再刷正面，主叶脉边沿处可用敲出法。刷洗干净后用吸水纸吸去多余水分。

（5）把叶脉放入20%的双氧水或漂白粉漂白后取出叶片，用清水洗净，去除药物，再用吸水纸吸去多余水分。

（6）可以用红药水、紫药水和水彩等对叶脉进行染色。过几分钟后，把叶脉放在几层吸水纸之间，夹在旧书中压平，几天后取出。再用透明胶把标本粘于台纸上，贴上标签。

◎ 柯博士告诉你

叶肉遇到腐蚀性液体就会发生腐烂。经过加热，它会腐烂得更快。叶脉比较坚韧，不容易被腐蚀。因此，可以将一些叶脉坚韧的树叶制成叶脉标本或书签。

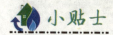 小贴士

叶片的选择

制作叶脉标本应该选取叶脉交织成网状的，也就是双子叶植物的叶片。而不要选叶脉是平行的，互不交错的单子叶植物叶片，因为这样的叶脉没有叶肉相连，容易折断。其次，应选取叶形美观、质地坚韧、叶脉致密的叶片，像杨树叶、榆树叶等。采集叶片的时间最好在秋季，叶片即将落下，又不很老的时候。

叶脉

叶脉就是生长在叶片上的维管束，它们是茎中维管束的分枝。这些维管束经过叶柄分布到叶片的各个部份。位于叶片中央大而明显的脉，称为中脉或主脉。由中脉两侧第一次分出的许多较细的脉，称为侧脉。自侧脉发出的、比侧脉更细小的脉，称为小脉或细脉。细脉全体交错分布，将叶片分为无数小块。每一小块都有细脉脉梢伸入，形成叶片内的运输通道。叶脉在叶片上的排列形式称为脉序，叶脉的组织构成是形形色色的。

用洗衣粉作腐蚀剂制作叶脉书签

首先选取叶脉粗壮清晰、质地坚韧的树叶（如桂花叶），将500毫升水加入50克洗衣粉，放入烧杯或者其他容器里，然后放

在火上煮沸，并用玻璃棒或者筷子旋转搅动，使叶片受热均匀并与煮液充分接触，也可避免叶脉折断。煮沸约15分钟（时间长短视叶片老嫩和质地而定），取出叶片用清水浸泡冲洗。先把叶片平铺在左手掌中，用牙刷反复轻刷，仔细地刷去叶片的柔软部分，直到露出清晰的叶脉为止。

然后将刷好的叶脉贴于玻璃板上晾干，趁叶脉还没干透时分别染上各种颜色，再加压平整。待干爽后，在叶柄上系一条彩色的丝带，一张美观大方的叶脉书签就制成了。

相关链接

❁ 奇特的植物之最 ❁

陆地上躯干最长的植物——白藤

在非洲的热带森林里，生长着一种会绊人跌跤的"鬼索"，这就是缠绕在大树周围的白藤。

白藤也叫省藤，我们生活中使用的藤椅、藤床、藤蓝、藤书架等，都是以白藤为原料加工制成的。白藤茎干一般很细，有小酒盅口那样粗，有的还要细些。它的顶部长着一束羽毛状的叶，叶面长尖刺。茎的上部直到茎梢又长又结实，也长满又大又尖往下弯的硬刺。它像一根带刺的长鞭，随风摇摆，一碰上大树，就紧紧的攀住树干不放，并很快长出一束又一束

新叶。接着它就顺着树干继续往上爬，而下部的叶子则逐渐脱落。白藤爬上大树顶后，还是一个劲儿地长，可是已经没有什么可以攀缘的了，于是它那越来越长的茎就往下堕，把大树当作支柱，在大树周围缠绕。

白藤从根部到顶部，达300米，比世界上最高的桉树还长一倍。白藤长度的最高记录达到了400米。

最高的树——杏仁桉树

在澳大利亚的草原上生长着一种高耸入云的巨树，名叫"杏仁桉树"。杏仁桉树一般都高达百米以上，其中有一株，高达156米，树干直插云霄，有五十层楼那样高。在人类已测量过的树木中，它是最高的一株。鸟在树顶上歌唱，在树下听起来，就象蚊子的嗡嗡声一样。

这种树基部周围长达30米，树干笔直，向上则明显变细，枝和叶密集生在树的顶端。叶子生得很奇怪，一般的树叶是表面朝天，而它是侧面朝天，像挂在树枝上一样，与阳光的投射方向平行。这种古怪的长相是为了适应气候干燥、阳光强烈的环境，减少阳光直射，防止水分过分蒸发。

杏仁桉虽然高大，但它的种子却很小，每粒约为1—2毫米，20粒种子才有一粒米大。可是它生长极快，是世界上最速生的树种之一，五六年就能长成10多米高，胸径40多厘米的大树。

杏仁桉树的木材是制造舟、车、电线杆等极好的材料。其树木中还能提炼出有价值的鞣料或树胶。其叶子有一种特殊的香味，可用来炼制桉叶油，有疏风解热、抑菌消炎、止痒的医疗作用。

最矮的树——矮柳

在温带的树林下，生长着一种小灌木，叫紫金牛，绿叶红果，人们都很喜爱它，常常把它作为盆景，它长得最高也不过30厘米，因此，大家给它起了一个绰号，叫它"老勿大"。

其实"老勿大"要比起世界最矮的树来可不算矮了。这种最矮的树叫矮柳，生长在高山冻土带。它的茎匍伏在地面上，长出像杨柳一样的花序，最高不过5厘米。如果拿杏仁桉的高度与矮柳相比，一高一矮相差15 000倍。与矮柳差不多高的矮个子树，还有生长在北极圈附近高山上的矮北极桦，据说那里的蘑菇长得比矮北极桦还要高。

最粗的树——大栗树

在欧洲有这样一个有趣的传说：一次古代阿拉伯国王和王后，带领百骑人马，到地中海西西里岛的埃特纳山游览，忽然天下大雨，百骑人马连忙躲避到一颗大栗树下，树荫正好给他们遮

住了雨。因此，国王把这颗大栗树命名为"百骑大栗树"。

据报道，在西西里岛的埃特纳山边，确有一颗叫"百马树"的大栗树，树干的周长竟有55米左右，直径竟然达到17.5米，需30多个人手拉着手，才能围住它。即使是赫赫有名的非洲猴面包树和其相比，也只不过是小巫见大巫。树下部有大洞，采栗的人把那里当作宿舍或仓库用。

树冠最大的树——孟加拉榕树

俗话说，"大树底下好乘凉"。你知道什么树可供乘凉的人数最多吗？生长在孟加拉的一种榕树，它的树冠可以覆盖十五亩左右的土地，有一个半足球场那么大。

孟加拉榕树不但枝叶茂密，而且它能由树枝向下生根。这些根有的悬挂在半空中，从空气中吸收水分和养料，这叫"气根"，又叫气生根。多数气根直达地面，扎入土中，起着吸收养分和支持树枝的作用。直立的气根，活象树干，一棵榕树最多可有4 000多根气根，从远处望去，像是一片树林。因此，当地人又称这种榕树为"独木林"。据说曾有一支六七千人的军队在一株大榕树下乘过凉。当地人们，还在一棵老的孟加拉榕树下，开办了一个人来人往、熙熙攘攘的市场，世界上再没有比这再大的树冠了。

木材最轻的树——轻木

生长在美洲热带森林里的轻木，也叫巴沙木，是生长最快的树木之

一，也是世界上最轻的木材。这种树四季常青，树干高大。叶子像梧桐，五片黄白色的花瓣象芙蓉花，果实裂开象棉花。我国台湾南部很早就引进了这种树木，从1960年起，我国的广东、福建等地也都进行了广泛栽培。

轻木的木材，每立方厘米只有0.1克重，是同体积水重量的1／10。我们做火柴棒用的白杨木要比它重三倍多。轻木的木材质地虽轻，可是结构却很牢固，是航空、航海以及其他特种工艺的宝贵材料。当地的居民用它作木筏，往来于岛屿之间，人们还经常用它做保温瓶的瓶塞。

比钢铁还要硬的树

你也许没有想到会有一种比钢铁还硬的树吧？这种树叫铁桦树，属于桦木科桦木属。子弹打在这种木头上，就象打在厚钢板上一样，纹丝不动。

这种珍贵的树木，高约20米，树干直径约70厘米，寿命约300—350年。树皮呈暗红色或接近黑色，上面密布着白色斑点。它

的产区不广，主要分布在朝鲜南部和朝鲜与中国接壤地区，俄罗斯南部海滨一带也有一些。

铁桦树的木质坚硬，比橡树硬三倍，比普通的钢硬一倍，是世界上最硬的木材，人们把它用作金属的代用品。前苏联曾经用铁桦树制造滚球、轴承，用在快艇上。铁桦树还有一些奇妙的特性，由于它质地极为致密，所以一放到水里就往下沉，即使把它长期浸泡在水里，它的内部仍能保持干燥。

最不怕火烧的树木——海松

当你走向大森林时，远远便可看到"禁止烟火"的警示牌。因为树木属于易燃物质，一旦着火可以烧毁大片森林。但是，在我国南海一带，生长着一种叫海松的树，用它的木材做成烟斗，即使是成年累月的烟熏火烧，也烧不坏。当你用一根头发绕在烟斗柄上，用火柴去烧时，头发居然烧不断。因为海松的散热能力特别强，加上它木质坚硬，特别耐高温，所以不怕火烧。

会流血的树

一般树木，在损伤之后，流出的树液是无色透明的。有些树木如橡胶树、牛奶树等可以流出白色的乳液，但有些树木竟能流出"血"来。

我国的台湾地区和广东一带，生长着一种多年生藤本植物，名叫做麒麟血藤。它通常像蛇一样缠绕在其他树木上。它的茎可以长达10余米。如果把它砍断或切开一个口子，就会有像"血"一样的树脂流出来，干后凝结成血块状的东西。这是很珍贵的中药，称之为"血竭"或"麒麟竭"。

　　经分析，血竭中含有鞣质、还原性糖和树脂类的物质，可治疗筋骨疼痛，并有散气、去痛、祛风、通经活血之效。

　　麒麟血藤属棕榈科省藤属。其叶为羽状复叶，小叶为线状披针形，上有三条纵行的脉。果实卵球形，外有光亮的黄色鳞片。除茎之外，果实也可流出血样的树脂。

　　在我国西双版纳的热带雨林中还生长着一种很普遍的树，叫龙血树，当它受伤之后，也会流出一种紫红色的树脂，把受伤部分染红，这块被染的坏死木，在中药里也称为"血竭"或"麒麟竭"与麒麟血藤所产的"血竭"具有同样的功效。

　　龙血树是属于百合科的乔木。虽不太高，约10多米，但树干却异常粗壮，常常可达1米左右。它那带白色的长带状叶片，前端尖锐，像一把锋利的长剑，密密层层地倒插在树枝的顶端。

　　一般说来，单子叶植物长到一定程度之后就不能继续加粗生长了。龙血树虽属于单子叶植物，但它茎中的薄壁细胞却能不断分裂，使茎逐年加粗并木质化，而形成乔木。龙血树原产于大西洋的加那利群岛，全世界共有150种，我国只有5种，生长在云南、海南岛、台湾等地。

　　在我国云南和广东等地还有一种称作胭脂树的树木。如果把它的树枝折断或切开，也会流出像"血"一样的液汁。而且，其种子有鲜红色的肉质外皮，可做红色染料，所以又称红木。

　　胭脂树属红木科红木属。为常绿小乔木，一般高达3—4米，有的可到10米以上。其叶的大小、形状与向日葵叶相似。叶柄也很长，在叶背面有红棕色的小斑点。有趣的是，其花色有多种，有红色、白色、也有蔷薇色的，十分美丽。红木连果实也是红色的，其外面密被着柔软的刺，里面藏着许多暗红色的种子。

胭脂树围绕种子的红色果瓤可作为红色染料，用以渍染糖果，也可用于纺织，为丝棉等纺织品染色。其种子还可入药，为收敛退热剂。其树皮坚韧，富含纤维，可制成结实的绳索。奇怪的是，如将其木材互相摩擦，还非常容易着火呢！

树木中的老寿星

许多树木的寿命都在百年以上。杏树、柿树可以活一百多年。柑、橘、板栗能活到三百岁，杉树可活上千岁。南京的一株六朝松已有 1 400

年的历史了，但是，它并不算老。曲阜的桧柏还是 2 400 年前的老古董呢！我国境内已知的活的最久的树是陕北黄帝陵中主庙前的黄帝手植柏，传说此树是黄帝亲手种下的，经过科学鉴定该树的树龄超过 5 000 年，和古代传说相比较，确实和黄帝处在同一年代。

世界上最长寿的树，要算非洲西部加那利岛上的一棵龙血树。500 多年前，西班牙人测定它大约有 8 000 至 10 000 万岁，这才是世界树木中的老寿星，可惜它在 1868 年的一次风灾中毁掉了。

最短命的种子植物

自然界中，以种子繁殖的植物多种多样，有长寿的，也有短命的。木本植物比草本植物寿命要长得多，植物界的"老寿星"，都出在木本植物里。一般的草本植物，通常寿命只有几个月到十几年。

植物寿命的长短，与它们的生活环境有密切关系。有的植物为了使自己在严酷、恶劣的环境中生存下去，经过长期艰苦的"锻炼"，练出了迅速生长和迅速开花结果的本领。

有一种叫罗合带的植物，生长在寒冷的帕米尔高原。那里的夏天很短，到六月间刚刚有点暖意，罗合带就匆匆发芽生长。过了一个月，它才长出两三根枝蔓，就赶忙开花结果，在严寒到来之前就完成了生命过程。它的生命如此短促，但是尚能以月计算。

寿命最短的要算生长在沙漠中的短命菊，它只能活几星期。沙漠中长期干旱，短命菊的种子，在稍有雨水的时候，就赶紧萌芽生长，开花结果，赶在大旱来到之前，匆忙地完成它的生命周期。

最大的花——大花草

在印度尼西亚苏门答腊的热带森林里，生长着一种十分奇特的植物，它的名字叫大花草，号称世界第一大花。

这种寄生性植物有着植物世界最大的花朵，它一生中只开一朵花，花朵能够长到直径三英尺，最大的直径可达1.4米，质量最重可达10千克。大花草肉质多，颜色五彩斑斓。这种植物不仅花朵巨

大，还有个奇特的地方就是它无茎无叶无根。它会散发具有刺激性腐臭气味，可以吸引逐臭昆虫来为它传粉。这种花有5片又大又厚的花瓣，整个花冠呈鲜红色，上面有点点白斑，每片长约30厘米，看上去绚丽而又壮观。

大王草的花期有4天，花期过后，大王草逐渐凋谢，颜色慢慢变黑，最后会变成一摊黏乎乎的黑东西。不过受过粉的雌花，会在以后的7个月渐渐形成一个腐烂的果实。灿烂的花结出了腐烂的果实，这也算是植物界的一个奇观。

观察与调查

昆　虫

昆虫是我们最常见的动物，也是世界上最多的动物。截至目前为止，我们发现并有记载的昆虫约有780 000种之多，约占已知动物种类的3 / 4以上。如此之多的昆虫，在自然界的生态环境中占有很重要的地位，和人类的关系也十分密切，因此昆虫引起了科学家们的关注，并成为一些科学家们研究的重要对象之一。

世界不能没有昆虫

一提起昆虫，大家都很熟悉，无论你走到哪里，在我们这个世界上几乎到处都有昆虫，无论城市或乡村，在我们身边都有许多昆虫。虽然它们有共同的体征，但是它们的模样、习性等许多方面又各有不同。有的昆虫漂亮可爱，有的昆虫鸣叫声声悦耳，有的昆虫讨人喜欢，有的昆虫令人讨厌。

据昆虫学家说：昆虫纲是动物中最大的一个纲，别看昆虫虽小，可昆虫种数却在动物界排名第一。有人称达百万种，有人称没被发现的约有几百万，或许达上千万种，连生物学家也很难估计世界上究竟有多少种类昆虫。

不管你喜欢与否，它们都在我们的生活中占有一席之地。我们身边就有数不尽的昆虫，甚至有许多令人讨厌的昆虫。确实，我们身边有些昆虫经常给我们带来麻烦，如：苍蝇、蚊子、跳蚤、蟑螂、菜青虫、棉铃虫、蚜虫、蝗虫、松毛虫等，人们称它们为害虫，因为它们经常"骚扰"我们，或是危害我们的农林牧业，给人类带来许多麻烦。

春夏秋三季是昆虫最为活跃的时期，大多数昆虫都在这个时期一展它们的风采，完成它们短暂的一生，繁殖一代或多代后悄然离世。

因为种数多，在自然生态系统里的作用大，所以昆虫在这个世界上的地位是很重要的。

昆虫是许多动物的美餐，是许多动物生存的最基本的条件，是食物链中最重要的一个环节，例如：我们都知道常见的燕子、麻雀等鸟类、还有蛙类等都是以昆虫为食，如果没有昆虫，这些动物就会因缺乏食物被饿死，因此会发生生物链的破坏，进而破坏生态平衡，会引起整个自然界的大灾难。

我们还知道许多昆虫是虫媒花传播花粉的使者，它们飞来飞去为某些植物繁殖后代忙碌着，例如：我们常见的蜜蜂、蝴蝶等，它们在吸食花蜜时，顺便完成了花粉的传播，如果没有它们来传播花粉，不知有多少植物因雌蕊没有接受授粉，结不出果实而可能会遭到灭顶之灾。

我们还知道有许多昆虫，像蚕、蜜蜂、七星瓢虫、赤眼蜂、蜻蜓等，人们称它们为益虫。这些昆虫可为我们提供杀灭农作物、树木害虫的无偿服务，在生物防治方面发挥着重要作用，有了这些昆虫参与消灭农作物的害虫，我们就可以减少使用化学农药，这不但可以节省生产化学农药的经费，更重要的是可以减少因生产化学农药而消耗的能源及污染排放物，减少因使用农药而污染农产品、污染环境给我们带来的麻烦。

有许多昆虫是我们衣食及药物的重要来源，例如：蚕吐出的丝是上等的天然纺织材料，可以纺出美丽的绸缎。

昆虫中含有人体所必需的蛋白质、氨基酸、维生素和锌、锰、钙等矿物质。它们不仅能弥补普通食品中营养不全的缺点，还可以预防肠胃道疾病。

蚕蛹是高营养的上等美味，蝗虫等数百种昆虫都可食用，据一些研究人员说，昆虫有可能在将来成为人类饲养的农产品，为人类解决食品短缺做出贡献。

持久的人虫大战

昆虫的历史要远比人类的历史长，因此，自从人类来到这个世上就和昆虫相遇。有的昆虫成为人类的食物，可也有许多昆虫成为扰乱人类生活的敌害。特别是人类进入农耕文明时代以来，虫害就更加威胁着人类的生活，于是人类为了生存就和害虫展开了无尽无休的斗争。

　　据记载，史上人们曾经历了无以计数的农业、林业虫害，人类受到了极大的伤害。

　　1591年，"天津县夏蝗飞蔽天，声如雷雨，食苗殆尽"，新乐"夏五月蝗生县东，未几数日滋类遍野"；可见，蝗虫在袭击农作物时的恐怖，蝗虫展翅飞翔时，蓝天就会出现遮天蔽日、响声如雷的景象，令人心惊肉跳的无限恐怖。在400多年前，人们对蝗虫灾害是无能为力的，只好眼见禾苗被蝗虫一扫而光。

　　2004年11月21日，数百万只蝗虫蜂拥来到以色列红海之滨城市埃拉特，毁坏了这个以色列南部城市的大量庄稼和鲜花。

　　据路透社报道，这是1959年以来以色列首次遭受如此严重的蝗灾。当地居民说，成批蝗虫遮天蔽日，不仅把棕榈树叶啃光，还把整个花园的鲜花也吃个精光。据称，它们什么都吃，连公路旁的绿化草坪也不放过。这批蝗虫是从北非过来的，有的长达10厘米。

　　不过，此次蝗灾对一些以色列人来说，也未必不是好事。蝗虫是犹太法律规定的唯一一种可以食用的昆虫。有些以色列人抓住机会，逮住不少蝗虫拿回家食用。有个以色列人甚至从地上捡起一只蝗虫，塞到嘴里就生吃了，一边还咂嘴称赞："真好吃！"有个网站还列出了名目繁多的蝗虫菜单，有蝗虫串、蝗虫条和炒蝗虫。不过这时人类对付害虫的办法也多了，在忍无可忍的形势下，以色列政府动用了飞机喷洒杀虫剂灭蝗。

昆虫不仅和人争夺口粮，而且也传染某些疾病。例如，蚊子叮咬人类传播疟疾，不知有多少人因这种疾病而丧失了性命，人们用扑打、烟熏的办法来对付蚊子，用蚊帐来保卫自己，可这根本无用，小小的蚊子仍然敢于向人类发起进攻。

还有的昆虫啃食树木，甚至啃食建筑物中的木质构件，房屋建筑因此而受到损害。2010年7月的一天夜里，云南马龙县大庄乡的村民正在酣睡之时，一声巨响将一家四口从睡梦中惊醒。主人夺门而出，发现原来是自家的猪圈顶棚塌了下来，几头白白胖胖的猪仔被压在房梁下"吱吱"直叫。这家主人立刻意识到，这极有可能是近段时间村里频频出现的一种啃食木头的小虫子"捣的鬼"。不出所料，杨家猪圈倒塌的原因的确是因为一种叫粉蠹虫的有害生物蛀空了木质房梁所致。更让人意外的是，他被告

知自家住的房屋也已经被粉蠹虫侵蚀得摇摇欲坠了。无奈之下，这家人只好抱着铺盖搬了出来。接着，大庄乡立即进行了一次全面的排查，结果发现整个大庄乡，有4654间房屋不同程度地遭受到粉蠹虫的侵蚀，有倒塌危险的房屋达到669间。由于靠近林区，马龙县大庄乡80%以上农户的住房都属于木质结构，大部分房屋才建起10到20年，并不算陈旧，但却被这种小虫破坏成危房。不仅仅是大庄乡，经过初步调查，在马龙县还有3个乡镇也正在遭受虫害的侵袭。

有害的昆虫如此严重地干扰人类的生活，人类也就得想办法和有害昆虫进行持久的人虫大战。昆虫的生命力很强，繁殖能力也十分出色，并且他们的适应性也是人类无法比拟的，这些优势使昆虫占据了极大的主动。

古代时，人们只能用扑捉、扑打的方法来对付危害农作物的害虫，可这样的方法对于消灭小量的害虫也许会有些许效果，但是要对付大规模的害虫就显得无能为力了。

1935年瑞典化学家米勒开始探索一种能干扰昆虫而对其他动物无害的化合物。1939年9月，米勒在研究中碰到了一种化合物"二氯二笨基三氯乙烷"，这正是他苦心寻找的那种无臭、价廉、对绝大多数生物几乎无害，但对昆虫则意味着死亡的化合物，这种化合物被缩写成DDT。

它问世不久后，正值第二次世界大战期间，DDT开始大量地以喷雾方式用于对抗黄热病、斑疹伤寒、丝虫病等虫媒传染病。例如在印度，DDT使疟疾病例在10年内从7500万例减少到500万例。同时，对家畜和谷物喷DDT，也使其产量得到双倍增长。DDT在全球抗疟疾运动中起了很大的作用。用氯奎治疗传染源，以伯胺奎宁等药作预防，再加上喷洒DDT灭蚊，使全球疟疾的发病得到了有效的控制。于是，这项发明一度被誉为对抗疟疾等昆虫传播疾病的"神奇子弹"。

但是后来一些环境学家发现，DDT对环境构成了威胁，严重地破坏了生态系统，还会给人类带来极大的灾难，甚至直接有害于人的健康。

　　1962年，美国科学家蕾切尔·卡逊在其著作《寂静的春》中怀疑，DDT进入食物链，是导致一些食肉和食鱼的鸟接近灭绝的主要原因。因此从20世纪70年代后DDT逐渐被世界各国明令禁止生产和使用。

　　人和害虫之战并没有结束，也可能永远不会结束，因为昆虫也是生物链中的重要一员。在人类和害虫的斗争中，人们逐渐认识到，为了保护生态环境，用"以虫治虫"的生物防治方法最好。

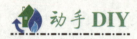
动手 DIY

昆虫生活史标本

　　按照昆虫一生的发育次序，如卵、幼虫、蛹及成虫等，把他们放在特制的展览标本盒中。再将与此种昆虫有关的资料同样放入盒内，如被害植物的叶片、天敌、防治或利用情况的照片等等。通过参观一盒标本，就能了解一种昆虫一生的

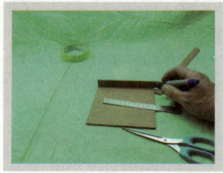

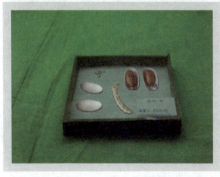

概貌，及其与外界环境和天敌的关系。

◎ 准备

捕捉到的昆虫以及它们的卵和幼虫等、棉花、玻璃或透明塑料板、薄膜、层板或旧包装盒、手工锯、剪刀、强力胶、笔

◎ 过程

（1）用层板先做一个标本盒。用锯子锯下盒底及四壁的层板材料。

（2）用强力胶把盒底和四壁粘在一起。

（3）剪一张同盒底大小相适应的纸板垫在盒底。

（4）把昆虫的卵、幼虫、蛹、成虫分别摆在适当的位置，并用强力胶粘牢。

（5）写好标签贴在适当位置，一个完整的昆虫生活史标本就制作好了。

制作蝴蝶标本

蝴蝶婀娜的身材、美丽的翅膀吸引着人们的眼球。它们上下翻飞在绿色植物之间，就像是一朵美丽、飘动的花。它幽雅的舞姿，犹如一位空中的舞蹈家在大自然中尽展才华。

蝴蝶是一种和我们关系密切的昆虫，所以中小学阶段的生物课里都要研究蝴蝶、捕捉蝴蝶。制作蝴蝶标本就是研究蝴蝶的一种重要方法。

◎ **准备**

包装用的泡沫板、大头针、废旧饮料瓶、纸条、图画纸、刻刀、透明胶带、镊子

◎ **过程**

（1）首先要制作简单的捕捉蝴蝶的工具。我们在捕捉蝴蝶时要用到捕虫网、三角纸包、小木箱（或硬纸盒）及镊子等。三角包可以用纸叠，硬纸盒也可用废旧包装盒，唯有捕虫网需自己动手制作。

找一块纱布，一根约和你身高差不多的竹竿、一段粗铁丝就可以制作了。按图将铁丝弯成直径大小约35厘米的一个圆，把两端弯折后绑在竹竿上，然后在铁丝围成的圆上，把纱布用线缝一个口袋，捕虫网就做

好了。

（2）把2厘米厚的泡沫板截成一块长14厘米宽8厘米的长方形，并在中间画一道线，将这道线用美工刀挖出宽5毫米深5毫米的凹槽，这就是展翅板。

（3）展翅。将蝴蝶用镊子从纸袋中取出，用昆虫针垂直插入其胸部位置，再将其固定在准备好的展翅板的凹槽中，尽量保持蝴蝶身体和泡沫板的平衡。蝴蝶的前后翅要正好放在泡沫板上，身体的上面与泡沫板平衡，触角呈外"八"字，后翅要压在前翅的下方，再用裁好的纸条压在翅上面，用大头针固定，放置在通风的地方。

一周后，拆掉纸条和大头针。将展翅好的蝴蝶标本从展翅板上取下，固定到没有凹槽的泡沫板上，放阴凉处风干。

（4）制作标本盒。将饮料瓶底部向上6厘米处沿瓶壁剪下，做为标本盒。将泡沫板依照饮料瓶直径剪成圆形，然后把泡沫板放进标本盒内。

（5）把蝴蝶用大头针固定在泡沫板上。

（6）用图画纸做一个标签，写好标本采集地点、时间、采集人，蝴蝶的科、属、种名，贴到标本盒的一侧。

（7）蝴蝶标本做好了。

小贴士

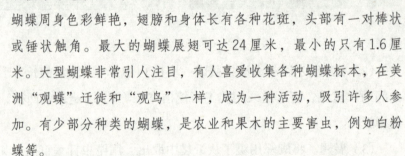

蝶

通称为"蝴蝶"，全世界大约有15 000余种，大部分分布在美洲，尤其在亚马逊河流域品种最多，在世界其他地区除了南北极寒冷地带以外，都有分布。

蝴蝶周身色彩鲜艳，翅膀和身体长有各种花斑，头部有一对棒状或锤状触角。最大的蝴蝶展翅可达24厘米，最小的只有1.6厘米。大型蝴蝶非常引人注目，有人喜爱收集各种蝴蝶标本，在美洲"观蝶"迁徙和"观鸟"一样，成为一种活动，吸引许多人参加。有少部分种类的蝴蝶，是农业和果木的主要害虫，例如白粉蝶等。

蝴蝶翅膀上的鳞粉不仅能使蝴蝶艳丽无比、还像是蝴蝶的一件雨衣。因为蝴蝶翅膀的鳞粉里含有丰富的脂肪，能把蝴蝶保护起来，所以即使下小雨时，蝴蝶也能在雨中飞行。

区分蝶与蛾

蝶类的特征：

（1）多数蝶类翅膀正面的鳞粉色泽亮丽，少数峡蝶科的蝶类后翅根部有较明显的毛绒；

（2）多数蝶类头部顶端有一对膨大的棒状触角；

（3）蝶类是采用四翅合拢竖立于背上休息的方式；

（4）蝶类躯干上被毛稀疏（需与蛾类比较）；

（5）蝶类腹面可见的后翅根部呈弧形（贴接式），无翅缰。有助于飞行速度的提升，因为蝶类在白天活动普遍飞行速度快于蛾类。

（6）蝶的蛹赤裸，无茧。

蛾类的特征：

（1）大多数蛾类在夜间活动，色彩较暗淡。

（2）多数蛾类触角顶端呈针尖样弯曲或整个触角呈羽毛状，少数蛾类（天蛾科、斑蛾科）由于白天活动所以触角与蝶类相似；

（3）蛾类多数都是将四翅平铺休息；

（4）蛾类躯干部被毛一般都很浓密；

（5）大多数蛾类的腹面后翅根部是平滑的，弧度很小，这跟蛾类在夜间飞行速度慢有关。

（6）蛾的蛹有茧。例如，蚕丝就是从家蚕的茧提取的。

蝶翅画

以蝴蝶翅膀为主要材料，利用其独特的花纹，可拼贴成独特

的工艺画，这种画可具有油画或国画、水粉画的效果。

蝶翅画线条细腻流畅，栩栩如生，具有独特的风格，由于这种画原料使用蝴蝶翅膀，因而稀少更显珍贵，有极高的观赏和收藏价值，是高档艺术品。

海南森林覆盖率51.5%，蝴蝶资源丰富，共有500多种，各种蝴蝶中，金斑凤蝶、透翅宽带凤蝶、箭纹丽蛱蝶、啄蝶、紫光蝶等属于国内罕见品种，那些数量大而又不在国家保护品种之列的蝴蝶资源，为海南蝶翅画的生产提供了得天独厚的条件。

自制捕蟑螂器

蟑螂栖息于厨房、食堂等阴暗处，夜间取食并污染人的食物，传播痢疾、伤寒、霍乱、结核等疾病，危害人类健康。

如何将蟑螂"消灭"掉呢？一般最安全有效的应该是器具扑杀。这里向您介绍一种捕蟑螂器的制作方法。

◎ 准备

塑料瓶、剪刀、葱、香油

◎ 过程

（1）用剪刀将塑料瓶的瓶口部分剪下。

（2）将剪下来的瓶口部分倒扣在瓶体，注意要扣得紧些不然蟑螂会逃跑。

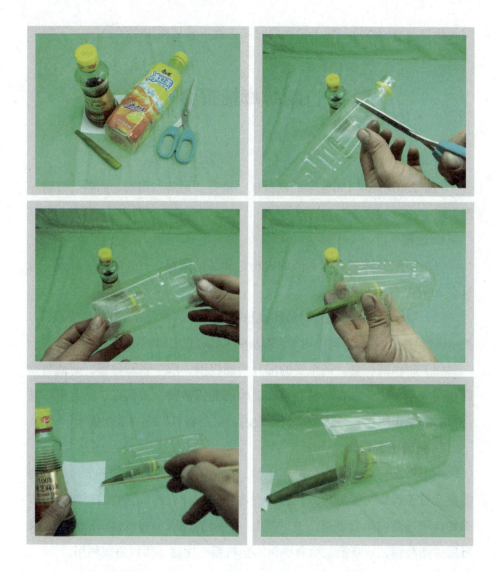

（3）在瓶口插进一棵大葱，这是为蟑螂专设的爬梯。这样我们的捕蟑螂器就制作完毕了。

（4）在大葱上滴几滴香油，蟑螂闻到香味后会向爬梯爬去。

（5）最后把我们制作的捕蟑螂器放在蟑螂经常出没的地方。

◎ 柯博士告诉你

到了夜间蟑螂就出来觅食或活动，当它闻到诱人的香油味就会沿大葱爬到瓶口，当蟑螂掉到瓶子里面的时候它就不容易爬出来了。

自制蟑螂捕捉盒

◎ **准备**

一张220毫米×150毫米的硬纸板、松香、菜油、肉粉、面粉、豆饼、塑料膜

◎ **过程**

（1）制作引诱剂。将40%的肉粉、50%的面粉、10%的豆饼混合，总量在20克左右。

（2）制作粘合剂。粘合剂是20克松香与10克菜油混合，加热至胶状后，把引诱剂与粘合剂混合搅拌均匀，即制成了具有吸引蟑螂功能的粘合剂。

（3）制作捕捉盒。最重要的部分为捕捉面，取一张塑料膜，剪成与盒底相同大小，涂上粘合剂铺在盒底。蟑螂能否被捉，关键在于粘合剂。粘合剂有两个作用：一是将蟑螂引入盒内，二是将其粘牢在捕捉面上。

◎ **柯博士告诉你**

由于松香与菜油混合物的不干性，可使诱饵的粘性长达一个星期。将捕捉盒置于蟑螂出没的地方，因为盒内较暗，并有蟑螂喜欢的诱饵，所以蟑螂会爬进盒内争食诱饵，被粘其上。粘满后，既可将纸盒压扁弃之，又可揭去塑料膜，重新换上涂有诱饵的塑料膜，使盒子得以再次利用。

小贴士

生命力超强的蟑螂

蟑螂属昆虫纲蜚蠊目。世界已知约3 700种。蟑螂是这个星球上最古老的昆虫之一，根据化石证据显示，大约在几亿年前蟑

螂就生活在地球上。曾与恐龙生活在同一时代，尽管恐龙早已灭绝，但蟑螂却仍然生活在我们身边，它们大多分布在热带和亚热带区，少数分布于温带地区。

我们发现的蟑螂化石大都是从煤炭和琥珀中发现的，与家中橱房里的并没有多大的差别。亿万年来它的外貌并没有大的变化，但生命力和适应力却越来越顽强，一直繁衍到今天。

蟑螂成虫呈椭圆形，背腹扁平，体长者可达100毫米，小者仅2毫米，一般为10—30毫米，体呈黄褐色或深褐色，因种而异，体表油亮光泽。蟑螂为渐变态昆虫，生活史有卵、幼虫和成虫3个发育阶段。

蟑螂为腐食动物，它以人和动物的各种食物、排泄物、分泌物以及垃圾为食，尤嗜食糖类和肉食类，并需经常饮水。大多数种类蟑螂栖居野外，仅少数种类栖息室内。

蟑螂喜昼伏夜出，居住在洞穴内。经得起酷热及严寒的考验，生存能力极强。蟑螂在有水无食时可存活10—14天，在无水有食时也能存活9—11天，在无水无食的条件下仍可存活1周。在过度饥饿下，有时可见蟑螂残食其同类及卵鞘。

值得一提的是，一只被摘头的蟑螂可以存活9天，9天后死亡的原因则是因为渴饿而死。生活在室内的蟑螂令人讨厌，它能通过体表或体内携带多种病原体而机械性地传播沙门氏副伤寒、绿脓杆菌、青霉、黄曲霉等多种霉菌，腺病毒等，使人致病，威胁人的健康。

当然，有的蟑螂品种也可以作为中药入药，具有通利血脉，养阴生肌，提升免疫，散结消积的作用。

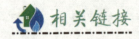 相关链接

法布尔和他的《昆虫记》

法布尔，法国著名的昆虫学家、动物行为学家、文学家，被世人称为"昆虫界的荷马，昆虫界的维吉尔"。

法布尔出生于一个农民家庭，从小生活极其穷困，他当过中学教师，自学取得了双学士和博士学位。在他当中学教师时，工作兢兢业业，同时在业余时间观察研究昆虫及植物，并发表了非常出色的论文，得到达尔文的肯定，但他想"登上大学讲台"的梦始终没有实现，开辟独立的昆虫学实验室的愿望始终得不到支持。他的前半生一贫如洗，后半生勉强能够维持温饱，但法布尔没有向"偏见"和"贫穷"屈服。他依然勤奋学习、工作，精心把定研究方向，坚持不懈地观察实验，不断获得新成果，一次又一次地证实了自己。正是这种执着的精神，使他撰写并完成了伟大的著作《昆虫记》。

法布尔一生最大的兴趣尽在于探索生命世界的真面目，发现自然界蕴含着的科学真理。正因为他热爱真理所以在他撰写《昆虫记》时，一贯"准确记述观察得到的事实，既不添加什么，也不忽略什么"。法布尔为之献身的，正是这种揭示把握"真相——真理"的伟大事业。他将一切品质

和才华汇集在这种精神之下，为人类作出自己独特的贡献。

令你惊讶的几个数字

蜂蜜是一种非常好的营养品，它是由蜜蜂采集花粉酿造的。为采集酿造1公斤蜂蜜的花粉原料，一个蜜蜂群要飞行5—6万只次之多，需采集12—15万朵鲜花上的花粉，要飞行近30万公里，等于绕地球飞行7.5圈。

蜜蜂是一种社会性昆虫，蜜蜂拥有一个咀嚼式口器，既可以咀嚼固体食物，也可以吸食液体食物，吸管长6.5厘米，中间有3条可以伸缩的口舌，用来吮吸花蜜。后尾部有一蜇针，这是蜜蜂自卫的利器。蜂的家族很多，主要有叶蜂、树蜂、姬蜂、胡蜂、土蜂、青蜂、泥蜂、木蜂、雄蜂等。胡蜂和蜜蜂的根本区别是蜜蜂采蜜，而胡蜂则是靠捕食小昆虫为生，它们甚至捕食蜜蜂。

蛙类常以捕食昆虫为食，特别喜欢捕食害处。蝗虫、蚱蜢、螟虫、象鼻虫、蝼蛄、金龟子、蚜虫、蜗牛、蚊子、苍蝇、椿象、天牛、蟋蟀、白蚁、叩头虫等。1只蛙平均一天可捕食害虫70只，一年可达10 000只左右。

🌿 昆虫给人类的启示 🌿

　　小小的昆虫多姿多彩，它们有的长得十分可爱，有的长得十分丑陋，不过有些昆虫的奇异功能令人们刮目相看。

　　蝴蝶是我们经常看到的昆虫，它们长得绮丽多彩、美丽无比，不过它们的另一特点是：躲在花丛中，令人很难发现，这是因为它们双翅的花纹有着自我保护的功能。在第二次世界大战中，一位前苏联的生物学家施万维奇，正是受蝴蝶双翅的启示，他建议用蝴蝶花纹的伪装覆盖在军事设施上面，才躲过了德军轰炸机的轰炸，使军事基地在战火中得以保存。

　　为了探索太空，科学家们要发射人造卫星、宇宙飞船等许多航天器。这些航天器在空间运行时，由于运行的位置及航天器姿态的变化，往往航天器会遭受两三百度温差变化的考验。这样的温度差对于卫星或宇宙飞船上的仪器会产生很大的影响，甚至会使有些仪器工作产生障碍。

　　设计人员根据蝴蝶翅膀上鳞粉可以改变角度而反射阳光的照射，以避

免过多的阳光照射，保持体温的现象，设计了航天器的控温系统。这种系统采取了叶片正反两面辐射、散热能力相差很大的百叶窗式，每扇窗的转动都是可以随温度的变化自动调节开闭，这就保证了航天器的内部能保持相对稳定的温度，不会因航天器的运行位置或运行姿态不同，而使航天器内部的气温突然升高或降低，从而保护了航天器内部许多仪器能够正常工作。

 观察与调查

 风

风，即空气的流动现象。气象学中常指空气相对于地面的水平运动，它是一个矢量，用风向和风速表示。气象上使用一些特定名称的风，标明其形成的原因和形式，如梯度风、摩擦风、地转风、热成风、山谷风、海陆风、季风、信风以及飑、阵风、龙卷风、焚风等。风既可以给我们的生产、生活带来影响，也可以经有效利用后为我们带来巨大利益。

自然界的风

风就是空气的流动，我们这个地球上包裹着一层气圈。因而，地球上的风就会遍布我们的周围。形成风的直接原因，是水平气压梯度力。简单地说，风是空气分子的运动。

当太阳辐射能穿越地球大气层时，大气层能吸收许多的能量，其中一小部分转变成空气的动能。因为热带比极带吸收较多的太阳辐射能，产生大气压力差导致空气流动而产生"风"。

太阳的辐射造成地球表面受热不均，引起大气层中压力分布不均，使空气沿水平方向运动形成了风。

在赤道和低纬度地区，太阳高度角大，日照时间长，太阳辐射强度强，地面和大气接受的热量多、温度较高；在高纬度地区太阳高度角小，日照时间短，地面和大气接受的热量小，温度低。这种高纬度与低纬度之间的温度差异，形成了南北之间的气压梯度，使空气作水平运动，风沿水平气压梯度方向吹，即垂直于等压线从高压向低压吹。

地球自转，使空气水平运动发生偏向的力，称为地转偏向力，这种力使北半球气流向右偏转，南半球向左偏转，所以地球大气运动除受气压梯度力外，还要受地转偏向力的影响。大气运动是这两个力综合影响的结果。

实际上，地面风不仅受这两个力的支配，而且在很大程度上受海洋、地形的影响，山隘和海峡能改变气流运动的方向，还能使风速增大，而丘陵、山地却摩擦大，使风速减少，孤立山峰因海拔高使风速增大。因此，风向和风速的时空分布较为复杂。

另一方面，有海陆差异对气流运动的影响。在冬季，大陆比海洋冷，大陆气压比海洋高，风从大陆吹向海洋。夏季相反，大陆比海洋热，风从海洋吹向大陆。这种随季节转换的风，我们称为季风。

所谓的海陆风也是白昼时，大陆上的气流受热膨胀上升至高空流向海洋，到海洋上空冷却下沉，在近地层海洋上的气流吹向大陆，补偿大陆的上升气流，低层风从海洋吹向大陆称为海风。夜间时，情况相反，低层风从大陆吹向海洋，称为陆风。

在山区由于热力原因引起的白天由谷地吹向平原或山坡，夜间由平原或山坡吹向谷地，前者称谷风，后者称为山风。这是由于白天山坡受热快，温度高于山谷上方同高度的空气温度，坡地上的暖空气从山坡流向谷地上方，谷地的空气则沿着山坡向上补充流失的空气，这时由山谷吹向山坡的风，称为谷风。夜间，山坡因辐射冷却，其降温速度比同高度的空气快，冷空气沿坡地向下流入山谷，称为山风。

风向和风速的观测和记录

　　风的资料是重要的气象资料之一，是气象人员研究天气变化的重要内容。风对人们的生活、农业、运输业、建筑业、水利工程等社会生产都有重要影响。因此，气象科技人员把观察风、记录风当作一项重要工作。气象科学家们制定了描述、记录风的标准和方法，并发明研制了许多观测风、记录风的仪器。

　　气象科学家们指出：风是空气的水平运动，是一个用方向（风向）和速度（风速）表示的矢量（或称向量）。

　　风向是指风来的方向，除静风外，一般用8方位或用16方位表示。例如，北风就是指空气自北向南流动。用8个方位表示风向分别为：北、东北、东、东南、南、西南、西、西北。

　　在天气预报中，风向用8个方位来表示，短直线和上面的小三角形代表风速的大小，垂直于风向杆左侧，比较长的短直线为长划，每一长划代表4米/秒的风，就是我们预报中所说的二级风，短划约为长划的一半，代表2米/秒的风，即一级风。每一个三角

旗代表20米/秒的风，风力相当于8-9级。

风速是指空气所经过的距离对经过的距离所需时间的比值，单位用米/秒表示。测量风向风速的仪器有EL型电接风向风速计，达因风向风速计等。测定的项目有平均风速和最多风向。

此外风的测量中还有以风力等级进行观察的，风力等级是根据风对地面物体所引起的现象将风的大小分成18级，以0—17级的等级数字表示。风力等级观察须在空气不受任何障碍物影响的地方进行。

我们在陆地上一般可见到0—12级风，在海洋上风力有时可达17级以上。下面是我们在陆地上可见到的风力等级表。

风力等级表（0级—12级）

风级和符号	名称	风速（米/秒）*	陆地物象	海面波浪	浪高（米）
0	无风	0—0.2	船静，烟直上	平静	0
1	软风	0.3—1.5	烟示风向，风向标不转动	微波峰无飞沫	0.1
2	轻风	1.6—3.3	感觉有风，树叶微响	小波峰未破碎	0.2
3	微风	3.4—5.4	树叶树枝摇摆，旌旗展开	小波峰顶破裂	0.6
4	和风	5.5—7.9	吹起尘土、纸张、灰尘	小浪白沫波峰	1.0
5	轻劲风	8.0—10.7	小树摇摆，负面泛小波	中浪折诉峰群	2.0
6	强风	10.8—13.8	树枝摇动，电线有声，举伞困难	大浪到个飞沫	3.0
7	疾风	13.9—17.1	步行困难，大树摇动	破峰白沫成条	4.0
8	大风	17.2—20.7	折毁树枝，前行感觉阻力很大	浪长高有浪花	5.5
9	烈风	20.8—24.4	屋顶受损，瓦片吹飞	浪峰倒卷	7.0
10	狂风	24.5—28.4	拔起树木，摧毁房屋	海浪翻滚咆哮	9.0
11	暴风	28.5—32.6	损毁普遍，房屋吹走	波峰全呈飞沫	11.5
12	台风或飓风	32.7以上	陆上极少，造成巨大灾害	海浪滔天	14.0

旋风和龙卷风

当空气围绕地面上的树木、丘陵、建筑物等不平的地方流动、或者空气和地面发生摩擦，需急速地改变前进方向时，就会产生随气流一同移动的涡旋，这就是旋风。

当某个地方被太阳晒得很热时，这里的空气就会膨胀起来，一部分空气被挤得上升，到高空后温度又逐渐降低，开始向四周流动，最后下沉到地面附近。这时，受热地区的空气减少了，气压也降低了，而四周的温度较低，空气密度较大，加上受热的这部分空气从空中落下来，所以空气增多，气压显著加大。这样，空气就要从四周气压高的地方向中心气压低的地方流动，跟水往低处流是一个道理。但是，由于空气是在地球上流动，而地球又是时刻不停地从西向东旋转，那么空气在流动过程中就要受地球转动的影响，逐渐向右偏去。于是从四周吹来较冷的空气，就会围绕着受热的低气压区旋转起来，成为一个和钟表时针转动方向相反的空气涡旋，这就形成了旋风。

这种旋风的中心，由于暖空气不断上升，加上四周的空气不断旋转，所以很容易把地面上的尘土、树叶、纸屑等卷到空中，并随空气的流动而旋转飞舞。如果旋风的势力较强，有时会把地面上的一些小动物，如小蛇、小虫等卷到空中去，在尘沙弥漫中随风前往。

一般小旋风的高度有限，当它受到地面的摩擦或房屋、树木等阻挡

时，就会渐渐消散变成普通的风。

　　龙卷风也是旋风的一种，龙卷风是一个猛烈旋转的圆形空气柱。远远看去，就像一个摆动不停的大象鼻子或吊在空中的巨蟒。龙卷风是在极不稳定的天气下，由两股空气强烈对流运动而产生的一种伴随着高速旋转的漏斗状云柱的强风涡旋。由雷暴云底伸展至地面的漏斗云产生的强烈的旋风，其风力可达12级以上，最大可达每秒100米以上，一般伴有雷雨，有时也伴有冰雹。

　　空气绕漏斗云的轴快速旋转，漏斗云受中心气压极度减小的吸引，近地面几十米厚的一薄层空气内，气流被从四面八方吸入涡旋的底部，并随即变为绕轴心向上的涡流。漏斗云中的风总是气旋性的，其中心的气压可以比周围气压低10%。龙卷风具有很大的吸吮作用，可把海（湖）水吸离海（湖）面，形成水柱，然后同云相接，俗称"龙取水"。

　　龙卷风这种自然现象是云层中雷暴的产物。具体来说，龙卷风就是雷暴巨大能量中的一小部分在很小的区域内集中释放的一种形式。

　　龙卷风是大气中最强烈的涡旋现象，影响范围虽小，但破坏力极大。它往往使成片庄稼、成万株果木瞬间被毁，令交通中断，房屋倒塌，人畜生命遭受损失。龙卷风的水平范围很小，直径从几米到几百米，平均为250米左右，最大为1千米左右。在空中直径可有几千米，最大有10千米。极大风速每小时可达150千米至450千米，龙卷风持续时间，一般仅几分钟，最长不过几十分钟，但造成的灾害极其严重。

热带气旋

热带气旋是发生在热带或副热带洋面上的低压涡旋，是一种强大而深厚的热带天气系统。热带气旋通常在热带地区离赤道平均3–5个纬度外的海面（如西北太平洋，北大西洋，印度洋）上形成，其移动主要受到地转偏向力及其他大尺度天气系统的影响，最终在海上消散、或者变性为温带气旋，或在登陆陆地后消散。

热带气旋是发生在热带海洋上的强烈天气系统，它像是流动江河中前进的涡旋一样，一边绕自己的中心急速旋转，一边随周围大气向前移动。和温带气旋一样，在北半球热带气旋中的气流绕中心呈逆时针方向旋转，在南半球则相反。愈靠近热带气旋中心，气压愈低，风力愈大。但发展强烈的热带气旋，如台风，其中心却是一片风平浪静的晴空区，即台风眼。

热带气旋的最大特点是它的能量来自水蒸气冷却凝固时放出的潜热。

热带气旋登陆后，或者当热带气旋移到温度较低的洋面上，便会因为失去温暖而潮湿的空气供应能量，而减弱消散或转化为温带气旋。

热带气旋的气流受地转偏向力的影响而围绕着中心旋转。在北半球，热带气旋沿逆时针方向旋转，在南半球则以顺时针旋转。

不同的地区习惯上对热带气旋有不同的称呼。西太平洋沿岸的中国大陆、日本、越南、菲律宾等地，习惯上称当地的热带气旋为台风。而大西洋则习惯称当地的热带气旋为飓风。

其他地方对热带气旋亦有不同称呼，在澳大利亚，被称为"威力"。在气象学上，则只有风速达到某一程度的热带气旋才会被冠以"台风"、"飓风"等名字。国际上以其中心附近的最大风力来确定强度并进行分类：

超强台风是指底层中心附近最大平均风速大于51.0米/秒的热带气旋，即风力16级或16级以上。

强台风指底层中心附近最大平均风速在41.5—50.9米/秒的热带气旋，即风力14—15级。

台风是指底层中心附近最大平均风速在32.7—41.4米/秒的热带气旋，即风力12—13级。

强热带风暴是指底层中心附近最大平均风速在24.5—32.6米/秒的热带气旋，即风力10—11级。

热带风暴是指底层中心附近最大平均风速在17.2—24.4米/秒的热带气旋，即风力8—9级。

热带低压是指底层中心附近最大平均风速在10.8—17.1米/秒的热带气旋，即风力为6—7级。

登陆陆地的热带气旋会带来严重的财产和人员伤亡，是一种破坏力极大的自然灾害。不过热带气旋亦是大气循环中一个组成部分，能够将热能及地球自转的角动量由赤道地区带往较高纬度。另外，也可为其登陆后的沿海地区带来丰沛的雨水，也为自然界的水的循环做出了贡献。

价值连城的风能

风蕴藏着巨大的能量，所以，有人将风能称为肉眼看不见的"无形的煤"。据科学家估计，一年中，到达地球上的太阳能中，约有2%转化为风能，这就是全世界风力在一年中所能提供的能量，不过这个数字也是很可观的，大约相当于现在全世界燃煤能量的3 000倍。其中可利用的风能大约是现在所开发利用水能的10倍。但是，目前我们所能捕捉到的风，还只是其中很少的一部分。

古时候，人们就开始制造并利用风力了。最早的风车是公元前200年到公元500年间，在中国和波斯建造的，那时的风车是立式的风车。立式风车是用干芦苇做成若干个帆，这些帆在风力的吹动下，围绕一个垂直轴旋转。人们还发明了帆船、风力磨、风力水车等等。

在当今矿物能源面临枯竭，全球环境污染严重的时刻，人们把目光渐渐地转向了清洁的新能源。于是，利用风力发电也就成为了人们关注的一个重点。风力发电的主要方式是风车发电，除此而外，还有滑翔机发电和风筝风力发电等。

世界最大的风力发电厂是美国的特哈查比风力发电站，这里的年发电能力是14亿千瓦时，约占全世界风力发电能力的23%，我国新疆的达坂城风力发电站，位居亚洲第一，世界第三，在长约80千米，宽约20千米的戈壁滩上，有100多架风力发电机，年发电能力1.5亿千瓦时。

我国风力等新能源发电行业的发展前景十分广阔，预计未来很长一段时间都将保持高速发展，同时盈利能力也将随着技术的逐渐成熟稳步提升。

难说风的善恶

人们在寒冷的日子抱怨冷风的凛冽，可在暑热的日子里又盼望一阵阵的凉风。风有时让人喜欢，甚至祈盼有一阵阵地清风吹过，有时又叫人讨厌，甚至惧怕。大自然的风和我们的生活有着密切的联系。

风是农业生产的环境因素之一。风速适度对改善农田环境条件起着重要作用。近地层热量交换、农田蒸散和空气中的二氧化碳、氧气等输送过程随着风速的增大而加快或加强。

风可传播植物花粉、种子，帮助植物授粉和繁殖。风调雨顺时，人类

就会得到丰收的果实。我国盛行季风，对作物生长十分有利。

风能是分布广泛、用之不竭的绿色能源。在世界的许多地方为人类提供了清洁而廉价的能源，我国的内蒙古高原、东北平原、东南沿海以及内陆高山，都具有丰富的风能可作为能源开发利用。

风在自然界里做了许多工作。风帮助人们使空气中的污染物尽快扩散，风能使大范围的热量和水汽混合、均衡，调节空气的温度和湿度；能把云雨送到遥远的地方，使地球上的水循环得以完成。

人类不能没有风，如果没有风，靠风力传播花粉的植物就无法繁殖；污染的大气得不到稀释；帆船将无法在水上航行；人类赖以生存的空气会如同"一潭死水"，污浊不堪，许多生物将难以生存。

不过有时风对农业也会产生不良的影响。它能传播病原体，蔓延植物病害。高空风是粘虫、稻飞虱、稻纵卷叶螟、飞蝗等害虫长距离迁飞的气象条件。大风使叶片机械擦伤、作物倒伏、树木断折、落花落果而影响产量。由海上吹来含盐分较多的海潮风，高温低温的焚风和干热风，都严重影响果树的开花、座果和谷类作物的灌浆。大风还造成土壤风蚀、沙丘移动、毁坏农田。威胁着人类的生存环境。在干旱地区盲目垦荒，风将导致土地沙漠化。牧区的大风和暴风雪可吹散畜群，加重冻害。当狂风怒吼的时候，已成熟的作物便会脱粒、落果、倒伏、根茎折断。狂风又能把肥沃的表土吹走，使作物根部裸露；也会把别处的沙土吹来，淹没良田。不仅如此，它还能把人吹倒，把房屋吹塌，把一切东西都卷走。

例如，在1860年，法国有一次暴风灾，大风把两列火车从轨道上掀翻下来。1703年，飓风在英国和法国连根拔掉了大约25万棵树，还破坏了1 000所房屋和教堂，把400只船抛在了岸上，使几千人受灾。

1969年1月，在前苏联黑海东面的克拉斯诺达尔和罗斯托夫这两个地方，刮起了一场险恶的"黑风暴"。当它光临的时候，天昏地暗，飞沙走石。这种黑风暴，一连几天都不停。80多万公顷的麦苗被吹得满天飞扬，棕黑色的土壤被狂风卷起，形成了长达数百公里的黑色雾浪。

据日本有关方面估计，从1945—1965年的20年间，因地震、大火、干旱、洪水、风等造成的重大灾害有48起，其中与风有关的就达20多起。在美国，因风害每年平均有250人死亡，2 500人受伤，财产损失的价值约为5亿美元。

在有些高山和沙漠地带，当大风狠狠地吹击山里的岩层时，时间久了，即使是最坚硬的岩层，也会渐渐被剥蚀下来了。

我国新疆克拉玛依东北的乌尔禾地区有一座方圆数十公里的奇特的"古城"。只见这里城楼耸立，街巷纵横，但是却渺无人烟。其实它不是古城堡的遗址，它是大自然塑造的风蚀地貌，是风的杰作。所以，人们称它为"风城"。

我们不能因为某一种事物的局部特点而给事物下定义，应全面衡量，公平客观的对待一切事物。风即会给我们的生产、生活带来许多帮助，也会给我们制造很多麻烦，甚至是灾难。只要合理利用风能，注意防范风给我们带来的灾害，风一定会为我们创造更大的价值。而通过人类的智慧，也一定会最大程度的减小风对我们的负面影响。

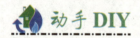 动手 DIY

🦋 制作一个最简易的风筝 🦋

春天里，多彩的风筝在天空中飘荡，这一古老的健身娱乐活动深受人们的欢迎，几千年来放风筝活动经久不衰，并随着科技发展而不断地增添新的花样。

◎ **准备**

竹条、细尼龙绳、白胶、双面胶、尼龙绸或绵纸、剪刀、美工刀

◎ **过程**

（1）用美工刀把竹子削成5毫米宽、3毫米厚光滑、平整的竹条。截取一段为纵梁，一段稍短一些的为横梁。

（2）按计划的尺寸剪好风筝绵纸。

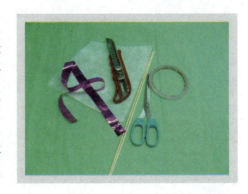

（3）铺好绵纸，在纸面上贴上双面胶。

（4）把竹条布放在铺好的绵纸上，调试一下粘贴位置。然后，把纵梁和横梁相交的地方刻上相对的凹槽并扣紧，再用细尼龙绳扎紧，用胶粘牢。

（5）把双面胶按着布放的位置贴在绵纸上。再用彩纸贴上一条彩带配重。

（6）把风筝进行美化。比如，画上一个京剧脸谱，拴上一根提线栓，

试放一下风筝，调整提线栓是否合适。

风筝的种类

风筝的种类极为丰富，其数量多得数不清。按照风筝的功能分类，可分为玩具风筝、观赏风筝、特技风筝、实用风筝等四类。其中玩具风筝是最为普及的品种，这种风筝结构简单、制作容易、造价低廉、是风筝中花色最多、变化最丰富的品种，深受广大青少年的欢迎。其中不少品种已成为大规模生产的产品，成为市场上的畅销商品。

一些特技风筝在空中上下翻飞，像空中的战机在角斗；或长串成龙，或空中投伞等。

实用的风筝能用来进行空中摄影、通讯、救生、探测、发电，也有的用来充当无线电天线或牵引车船，或进行科学研究等。

风筝还可以按艺术风格、造型、构造等方法分类。按风筝的艺术风格可将风筝分为宫廷风筝、民间风筝及现代风筝三类。

根据风筝的造型、按照其表现的题材内容可分为鸟形风筝如鹞、沙燕等；虫形风筝，如蜈蚣、蝴蝶等；水族风筝如青蛙、金鱼、蝌蚪等；人形风筝，包括各种神话人物、历史人物、戏剧人物，如孙悟空等；文字风筝如双喜字、福字、寿字等；器形风筝如花篮、扇子等；几何图形风筝菱形、八卦等。

按风筝的构造分类可分为硬翅风筝、软翅风筝、拍子风筝直串风筝、桶形风筝、半挑风筝、软风筝等七类。

制作一个简单的风向标

易拉罐制作的风轮风向标，其风轮可以像风车一样旋转，风向标可以指示风向，十分有趣。

◎ 准备

纸板、铝合金易拉罐、圆珠笔芯、40厘米长，直径约1.5毫米的细铁丝及15厘米长的镀锌铁丝、木板、自行车辐条、钳子、剪刀、锥子

◎ 过程

（1）从侧面沿着顶盖把罐盖剪掉，然后在罐体上画出风轮叶片。

（2）从被剪开的易拉罐口，顺着易拉罐的筒壁向底部垂直剪开。一直剪到距底部圆心约1.5厘米处，并把叶片弯折和罐底处在一个平面。

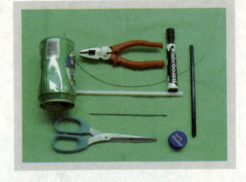

（3）在易拉罐底部的中心，用锥子扎一个小孔。

（4）截取2厘米长圆珠笔芯，插进这个小孔，用胶粘合固定。

（5）将长铁丝弯成风向标的风轮支架和方向指针。

（6）将风轮支架穿过风轮轴，把风轮安装在风轮轴上，并在风轮轴套的前后分别粘上限位圆片和转动润滑片。

（7）把自行车辐条插进木板底座，并套上圆珠笔芯，使自行车辐条露出约5厘米。再用纸板剪一个风向标箭头贴在方向指针杆上，插到露在外

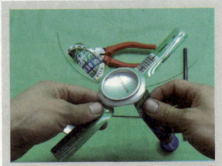
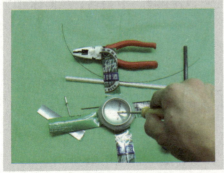
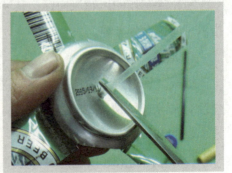

边的自行车辐条上。风向标制作完毕了。

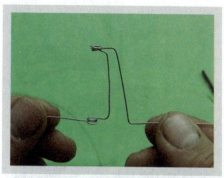

◎ **柯博士告诉你**

这个风向标是用风轮作为风挡板的风向标。风轮在风向标的一侧，而另一侧则是风向指示箭头。

由于风吹向风向标，风向标会转动，当风向标尾侧的风轮遇到风时也会转动，这时风轮受到前面的风力作用，风轮会以风向标的垂直轴转动，如果风轮转动到正好迎风的位置，风轮就会停止在这个位置上，这时风轮就像一个挡风板，而另一端的指示箭头正好是风向。

 小贴士

判定风向的简单方法

风向是指风的来向。判断风的来向的仪器叫风向标。当今风向标种类很多，自动无人值守气象站的风向标都有自动记录、自动发出信息的电子系统。

在野外你没有风向标可观察，但这并不能妨碍你判断风向，你可以根据具体环境和条件来判断风向。

例如：在野外郊游时，你可以带便携式的风向计，也可以携带风筒，这样你就也可以观察判定风向。

如果你的感觉非常灵敏，你可以观察附近树木上的树枝末梢或野草迎风摆动的方向来判定风向，也可以用手指沾一点水，举过头顶，凭风吹手指头的感觉来判定风向。

如果在看不到树木花草的冬季，你可以举起随身携带的轻柔软类片状物，如：手帕、纸条、丝巾等来判定风向，或用手抓起一把雪、沙土等扬撒判定风向。

制作一个风力发电机模型

风能是一种绿色能源，风力发电是当代重点开发的绿色能源之一，用小玩具的电机制作一个风力发电机，可以发出直流电来，请你试一试。

◎ 准备

木板、正方体木块、圆杆、小电机、易拉罐、强力胶、导线、小电珠、剪刀

◎ 过程

（1）在易拉罐上画出四等分。

（2）用剪刀剪至易拉罐底部，弯折成风车状，并在易拉罐底部中间处钻一个小孔。

（3）在正方体木块中心钻一个直径正好容纳圆杆的小洞，将

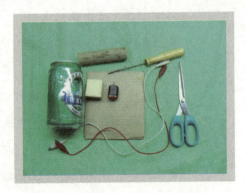

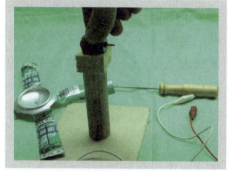

木块插在圆杆的一端，用强力胶固定。

（4）然后把小电机用强力胶粘在木块的一端，将圆杆的另一端插在木板上的小洞里，用强力胶固定。

（5）连接导线，连接小电珠，这个风力发电机就做成了。

◎ **柯博士告诉你**

这是一个水平轴风力发电机模型，由一个小电机和风车组成。因小电机是和发电机的原理相同的，有互为逆行的变化，当通电时它的转子就可以转动，相反当转子转动时它就可以发出电来。所以，当风车带动转子转动时，就会发电了。

相关链接

放风筝——一项有益于心身健康的活动

在风和日丽、春暖花开的季节里，到郊外放飞风筝，无疑对心身健康大有好处。一家人在小溪河边漫步，远眺翠绿的山峦，近看碧柳摇曳十分惬意。沁人心脾的空气令人心旷神怡，当你选择一个空旷的地方，把风筝放飞起来时，不知不觉中又会增添几分乐趣。对长期生活在城市的人来说，在郊外放风筝则更是一种不可多得的享受。

跑跑停停，仰望高空中的风筝，拉拉拽拽，不停地调整着风筝线，使你忙个不停，这些和谐的动作，清新的环境，对你的心身健康大有好处。

放风筝是一项亲和的、自然的、简单的体育活动，受到广大群众的欢迎。山东潍坊的风筝会，吸引了数十万国内外的风筝爱好者参加比赛或观看，国家也把风筝比赛列入了国家体育比赛项目，并制定了比赛规则。

美国著名科学家富兰克林是个放风筝的高手，他用风筝作过著名的科学实验，他喜欢游泳活动，又特别喜欢一边游泳，一边放风筝。富兰克林在河中一边游着，一边放着风筝，空中的风筝拖着他在水面上前进。著名喜剧大师卓别林，善于用风筝钓鱼，他常常到一个海岛上去，用风筝钓金枪鱼。印度东部沿海的渔民，也常常用风筝把鱼饵和鱼钩，送到离海岸几百米远的海面上钓鱼。

战场上的风筝

据传说，风筝的发明是始于军事目的。有记载："公输般为木鸢，以窥宋城"，记载说明了春秋时期鲁斑就发明了风筝，其目的是用于侦察敌方守城情况。

在古代，风筝在军事方面有许多用处，可用于侦察、传送情报、投扔火药等。据说，南北朝时期，梁武帝有一次被敌兵围困在一座城里，情况十分危机。他手下的一个大臣想了个方法，让人做了一个风筝，把皇帝求援的信藏在上面，利用风筝把求援信传到包围圈外，巧妙地利用风筝传送求救情报。

在近代的战场上，风筝也曾受过青睐。第二次世界大战时，美国、英国都曾用过风筝预防空袭，他们把许多风筝放上天空，这些风筝组成了风筝防线，保卫着重要目标，使德军飞机不敢靠近。

德军也曾用风筝进行过侦察，当时，还没有直升飞机，为了给潜艇提供海面情况，德军潜艇放飞大型带吊舱的风筝，吊舱里坐着观察人员，他们用望远镜观察海面，为潜艇提供攻击目标的情报。在海面观察半径仅为8千米左右，但坐在吊舱里，升入120米高空中观察，就可以观察半径40千米内的目标。

❧ 风车之国 ❧

　　荷兰是欧洲西部一个只有 41 528 平方公里，1 000 多万人口的国家。境内河流纵横，其西部沿海为低地，东部是波状平原，中部和东南部为高原。

　　为了生存和发展，荷兰人竭力保护原本不大的国土，避免在海水涨潮时遭"灭顶之灾"。他们长期与海搏斗，围海造田。早在 13 世纪就筑堤坝拦海水，再用风动水车抽干围堰内的水，因而，荷兰就有了"风车之国"的美誉。

　　荷兰的风车，最早从德国引进。开始时，风车仅用于磨粉之类的简单生产。随着荷兰人民围海造陆工程的大规模开展，风车在这项艰巨的工程中发挥了巨大的作用。根据当地的湿润多雨、风向多变的气候特点，他们对风车进行了改造。首先是给风车配上活动的顶篷。此外，为了能四面迎风，他们又把风车的顶篷安装在滚轮上。这种风车，被称为荷兰式风车。

　　荷兰风车，最大的有好几层楼高，风翼长达 20 米。有的风车，由整块大柞木做成。18 世纪末，荷兰全国的风车约有 12 000 架，每台拥有 6 000 匹马力。这些风车用来碾谷物、粗盐、烟叶、榨油，压滚毛呢、毛毡、造纸，以及排除沼泽地的积水。正是这些风车不停地吸水、排水，保障了全国 2/3 的土地免受沉沦和人的安全。荷兰人很喜爱他们的风车，在民歌和谚语中常常赞美风车。

春季 CHUN JI
里的节日、纪念日
LI DE JIE RI JI NIAN RI

春季里有很多节日和纪念日，这些节日、纪念日与我们息息相关，又具有科学意义，在这些节日、纪念日的庆祝、纪念活动中，为我们亲近自然，走进科学提供了机会，让我们充分利用这种资源，积极地参与这些庆祝、纪念活动吧！

中国植树节：3月12日

我国古代在清明时节就有插柳植树的传统，那时的清明不是法定的植树节。真正意义上的植树节，还要追述到孙中山先生任中华民国临时大总统的时候。

3月12日是孙中山先生逝世纪念日。孙中山先生生前十分重视林业建设。早在1893年，孙中山先生就说过："急兴农学，讲究树艺"、"我们研究到防止水灾和旱灾的根本方法都是要造森林，要造全国大规模的森林"。

他在任中华民国临时大总统时，就设立了农林部，下设山林司，主管全国林业行政事务。1914年11月中华民国颁布了我国近代史上第一部《森林法》，1915年7月，政府又规定将每年清明定为植树节。

1925年3月12日，孙中山先生与世长辞。为了纪念国父孙中山先生，国民政府把每年的3月12日定为植树节。

新中国成立后，植树节一度废止。1979年2月，五届全国人大常委会第六次会议根据国务院的提议，通过了将3月12日定为我国植树节的决议，这项决议的意义在于动员全国各族人民积极植树造林，加快绿化祖国和各项林业建设的步伐。将孙中山先生与世长辞之日定为我国植树节，也是为了缅怀孙中山先生的丰功伟绩，象征孙中山先生生前未能实现的遗愿将在新中国实现并且要实现得更好。

 小贴士

植树节

植树节是一些国家以法律形式规定的，以宣传森林效益，并动员群众参加植树造林为活动内容的节日。按时间长短可分

为植树日、植树周或植树月，总称植树节。通过这种活动，激发人们爱林、造林的感情，提高人们对森林功用的认识，促进国土绿化，达到爱林护林和扩大森林资源、改善生态环境的目的。

近代最早设立植树节的是美国的内布拉斯加州。19世纪以前，内布拉斯加州是一片光秃秃的荒原，树木稀少，土地干燥，大风一起，黄沙满天，人民深受其害。

1872年4月10日，美国著名农学家朱利叶斯·斯特林·莫尔顿提议在内布拉斯加州规定植树节，动员人民有计划地植树造林。

该州采纳了莫尔顿的建议，把4月10日定为该州的植树节，这一决定做出后，当年就植树上百万棵。此后的16年间，又先后植树6亿棵，终于使内布拉斯加州10万公顷的荒野变成了茂密的

森林。

为了表彰莫尔顿的功绩，1885年州议会正式规定以莫尔顿先生的生日4月22日为每年的植树节，放假一天。并于1932年发行世界上首枚植树节邮票，画面为两个儿童在植树。

今日的美国，树木成行，林荫载道。据统计，美国有1/3的地区为森林树木所覆盖，这个成果同植树节是分不开的。

在美国，植树节是一个州定节日，没有全国统一规定的日期。但是每年4、5月间，美国各州都要组织植树节活动。

例如，罗德艾兰州规定每年5月份的第二个星期五为植树节，并放假一天。其他各州有的是固定日期，也有的是每年由州长或州的其他政府部门临时决定植树节日期。每当植树节到来，以学生为主的社会各界群众组成浩浩荡荡的植树大军，投入植树造林活动。

国际妇女节：3月8日

国际妇女节的全称是"联合国妇女权益和国际和平日"，在中国称"国际妇女节"、"三八节"和"三八妇女节"。国际妇女节是在每年的3月8日为庆祝妇女在经济、政治和社会等领域做出的重要贡献和取得的巨大成就而设立的节日。

设立国际妇女节的想法最先产生于20世纪初，当时西方各国正处在快速工业化和经济扩张阶段。恶劣的工作条件和低廉的工资使得各类抗议和罢工活动此起彼伏。1857年3月8日，美国纽约的制衣和纺织女工走上街头，抗议恶劣的工作条件和低薪。尽管后来当局出动警察攻击并驱散了抗议人群，但这次抗议活动促成了两年后的第一个工会组织的建立。

接下来的数年里，几乎每年的3月8日都有类似的抗议游行活动。妇女要求缩短工作时间，增加工资和享有选举权等，并喊出了象征经济保障和生活质量的"面包加玫瑰"的口号。

1910年，社会主义国际在丹麦的哥本哈根召开首届国际妇女会议。会上德国妇女运动领袖克拉拉·蔡特金倡议设定某一日为国际妇女节，并得到与会代表的积极响应。次年3月19日，奥地利、丹麦、德国和瑞士等国总共超过百万人举行各种活动庆祝国际妇女节。

1924年，中国共产党在广州首次举行了妇女节的纪念活动。

联合国从1975年国际妇女年开始，每年于3月8日举办活动，庆祝国际妇女节。很多国家把国际妇女节确定为法定假日。来自五湖四海的妇女们，尽管被不同的国界、种族、语言、文化、经济和政治所区分，但在这一天都能够同时庆祝属于自己的节日。

世界气象日：3月23日

20世纪以来，各国的科学家，越来越深刻地认识到全球气象对人类生活影响的重要性。1947年9月到10月，世界气象组织在美国华盛顿召开了45国气象局长会议，决定成立世界气象组织，并通过了世界气象组织公约。

公约规定，当第30份批准书提交后的第30天，即为世界气象组织公约正式生效之日。1950年2月21日，伊拉克政府提交了第30份批准书，3月23日世界气象组织公约正式生效，标志着世界气象组织正式诞生。为纪念这一特殊的日子，1960年6月，世界气象组织执委会第20届会议决定，把3月23日定为"世界气象日"，并从1961年开始，每年的这一

天，世界各国的气象工作者都要围绕一个由世界气象组织选定的主题进行纪念和庆祝。

开展"世界气象日"活动的目的，主要是为了使各国广大群众更好地了解世界气象组织的活动情况以及气象部门在经济和国防建设等方面所作出的卓越贡献，推动气象学在航空、航海、水利、农业和人类其他活动方面的应用。

 小贴士

世界气象组织

世界气象组织是世界各国和地区之间开展气象业务和气象科学合作活动的国际机构，总部设在瑞士的日内瓦。世界气象组织拥有成员国151个，中国是世界气象组织最早的创始国和签字国之一。世界气象组织的主要任务包括：促进世界范围气象观测网的建立和推行气象观测业务标准化。促进国际间的气象资料交换

和提出观测、统计资料的统一规格；促进气象学在航空、航海、水资源、农业以及其他方面的应用；促进水文业务的开展和加强气象部门与水文部门间的合作；鼓励气象学及有关领域的科学研究和人员培训。

世界防治结核病日：3月24日

结核病是自古以来流行的慢性传染病，几千年来夺取了数亿人的生命。德国微生物学家罗伯特·科霍，于1882年宣布发现结核病菌以来的100年间，全世界至少约有2亿人死于结核病。由于医学专家的努力，结核病药物的研制成功，使结核病得到了有效的控制。但因种种原因，在20世纪90年代结核病又死灰复燃，在某些地区开始流行，威胁着许多人的健康。

于是，世界卫生组织于1993年在英国伦敦召开了第46届世界卫生大会，大会通过了"全球结核病紧急状态宣言"，并要求世界各国采取紧急措施，积极与结核病危机作斗争，希望加强对防治结核病的宣传，以唤起各国对控制结核病疫情的高度重视。

1995年底，世界卫生组织为了更进一步地推动全球结核病预防控制的宣传活动，唤起公众与结核病作斗争的意识，与其他国际组织一起倡议，以德国微生物家罗伯特·科霍公布发

现结核菌的 3 月 24 日为结核病防治日。

"世界防治结核病日"主要的目的是动员公众支持加强在全球范围的结核病控制工作,使人类历史上最大的杀手——结核病能得到及时的诊断和有效的治疗。

世界卫生日:4月7日

1946 年 7 月 22 日,联合国经社理事会在纽约举行了一次国际卫生大会,60 多个国家的代表共同签署了《世界卫生组织宪章》,《世界卫生组织宪章》于 1948 年 4 月 7 日生效。为纪念组织宪章通过日,1948 年 6 月,在日内瓦举行的联合国第一届世界卫生大会上正式成立世界卫生组织,并决定将每年的 7 月 22 日定为"世界卫生日",倡议各国举行各种纪念活动。次年,第二届世界卫生大会考虑到每年 7 月份大部分国家的学校已放暑假,无法参加这一庆祝活动,便规定从 1950 年起将 4 月 7 日作为全球性的"世界卫生日"。

每年的这一天,世界各地的人们都要举行各种纪念活动,来强调健康对于劳动创造和幸福生活的重要性。

世界卫生日活动呼吁各国政府,关注影响国际社会的主要公共卫生问题,增加卫生事业投资,构建人类安全的未来;呼吁全世界人民关注人类健康,自觉地参与改善当前卫生状况活动,提高人类的健康水平。